华章图书

一本打开的书，
一扇开启的门，
通向科学殿堂的阶梯，
托起一流人才的基石。

重塑
数字化转型范式

Reconstruction
The Paradigm of Digital Transformation

丁少华——编著

机械工业出版社
China Machine Press

图书在版编目（CIP）数据

重塑：数字化转型范式 / 丁少华编著 . —北京：机械工业出版社，2020.6

ISBN 978-7-111-65574-9

I. 重⋯ II. 丁⋯ III. 数字技术 – 应用 – 企业管理 – 研究 IV. F272.7

中国版本图书馆 CIP 数据核字（2020）第 081254 号

重塑：数字化转型范式

出版发行：机械工业出版社（北京市西城区百万庄大街22号 邮政编码：100037）	
责任编辑：张梦玲	责任校对：周文娜
印　　刷：中国电影出版社印刷厂	版　　次：2020年6月第1版第1次印刷
开　　本：170mm×230mm　1/16	印　　张：18.5
书　　号：ISBN 978-7-111-65574-9	定　　价：89.00元

客服电话：(010) 88361066　88379833　68326294　　投稿热线：(010) 88379604
华章网站：www.hzbook.com　　读者信箱：hzit@hzbook.com

版权所有·侵权必究
封底无防伪标均为盗版
本书法律顾问：北京大成律师事务所　韩光 / 邹晓东

天时有变迁，人事如行船；
野路寻犬吠，夜渡望明灯；
吉凶因选择，数字变化显；
抉择何所依，时势须明辨。
我之何所来，未来何所见；
我之何所归，归后能否返？
自古兴衰事，处处有忧患。
履霜坚冰至，君子终乾乾。

Preface 前　言

为了应对全球经济增速低缓、复苏乏力的挑战，在 2016 年 9 月举行的 G20（二十国集团）峰会上，作为 2016 年 G20 主席国，中国倡议将"数字经济"列为 G20 创新增长蓝图中的一项重要议题。在此次峰会上，通过了《G20 数字经济发展与合作倡议》，这是全球首个由多国领导人共同签署的数字经济政策文件。在此之后，包括浙江等在内的很多省份，进一步将数字经济作为促进本区域经济发展的"一号工程"，并以"数字产业化，产业数字化"为数字经济发展的主线。

那么，什么是数字经济呢？参照上述倡议书的说法，"数字经济"中的"数字"，根据数字化程度的不同，可以分为三个阶段：信息数字化（Information Digitization）、业务数字化（Business Digitization）和数字化转型（Digital Transformation）。由此可见，数字化转型是"数字经济"的高级发展阶段，是社会和企业转型的主要方向。

那么，什么是数字化转型呢？一千个人心中就有一千个哈姆雷特，对数字化转型的理解也是类似。在 2018 年 6 月 28 日举行的 LiveWorx18 数字化转型峰会上，美国 PTC 公司的总裁兼 CEO Jim Heppelmann 先生做了主题为"From a place to a pace"的演讲。Jim Heppelmann 先生认为，数字化转型是一系列由颠覆性技术推动的创新和革命，为了在市场中竞争并胜出，企业和企业的员工需要拥抱连续性变化。维基百科对数字化转型的定义是，数字化转型指的是人们应用数字化技术时所伴随的各种变化，它是人们拥抱数字化技术的第三阶段，在此之前，分别是数字化能力（Digital Competence）和数字化用途（Digital Usage）及价值。微软公司则认为数字化转型是将人员、数据、流程和颠覆性技术组合在一起并对组织进行变革，以创造新的客户价值。

数字化转型牵涉社会经济和人们生活的方方面面。

对某个个体来说，通过12306网站或手机APP购买火车票代替了去售票处排长队，用手机软件打车代替了在道路旁挥手叫车，依靠虚拟现实（VR）技术来挑选服饰代替了店面试穿，用微信或支付宝等移动支付代替了现金交易，不愿出门的宅男宅女则可以在办公室或家里用美团点餐，这是个人生活方式的转变。

对于一个企业来说，用数字化技术提升生产效率或降低运营成本，通过营销大数据和用户画像实现精准营销或个性化定制，采用数字仿真和虚拟验证等技术来缩短新产品研发周期，借助数字化来优化上下游产业链供需平衡和供应链实时协作，这些是企业运营模式的转变。

对媒体和宣传机构来说，通过今日头条推送重点或个性化资讯，在微信订阅号开通专栏，或者用微博来发表观点，抑或是用抖音来做主播快评，而数字化出版物的占比也逐年上升，这些是信息沟通和传播模式的转变。

对一个国家来说，通过卫星扫描进行耕地监控和环保督察，通过"城市大脑"等大数据来进行交通管理，应用人工智能等数字化技术来提高社会治理水平并降低治理成本，通过数字经济来提升本国竞争力，这些是社会发展和治理方式的转变。

毋庸置疑，数字化已经渗透到社会、组织和个人生活的方方面面，正在快速地影响着这个世界。数字化时代已经到来，社会和环境正在发生快速变化。为了适应这些变化，数字化转型已是时代的主流，也是每个人的必然选择。

转型，按词典的解释，指的是人们的观念或事物的结构形态、运转模式的根本性转变过程及其结果。对应的英文单词是 transform 或 transformation，指的是"（making）a thorough or dramatic change in the form, appearance, or character of"。根据 OPM（Object-Process Methodology）方法论，转型（Transform）是一系列过程（Process），它们对作为对象（Object）的社会、组织、个人、资源等施加影响，改变大家的状态（Status）和行为模式（Behavior），在消耗（Consuming）或解构（Deconstructing）旧事物的同时，催生（Yielding）或创造（Creating）新的事物。由此可见，转型的本质是变化或变革，是人们主动识变、求变、应变、适变的一系列活动。

人们常说："世上唯一不变的是变化本身。"大到国家或地区的治乱兴衰，中到家族的继承繁衍或组织的基业长青，小到个人的工作或生活，万事万物无一不在变，而人一生中的主要决定就是识变、求变和应变。

企业发展的主轴就是"变"。所谓的百年老店，都是经历了多次狂风骤雨、惊涛骇浪，才走到今天的；而支撑它们得以克服各种艰难险阻的，正是企业主动变革的勇气、决心和行动。企业的数字化转型，就是企业的一场自我革命。在本质和目的上，数字化转型和企业的其他变革相类似，只不过，在形式和方法上，具有数字化的鲜明特征。本书尝试阐述的，主要是后者。

对于企业而言，数字化转型的目的在于利用以大数据、物联网、云计算、人工智能、5G通信等为代表的新一代数字化技术带来的可能和机遇，推动并获得运营效率的提升、业务的持续增长，以及企业的不断进化。当前,越来越多的企业已经意识到,数字化转型不是要不要做的问题,而是怎么做的问题。

在"数字化转型"成为社会和经济热点之前,基于业务流程再造与优化(Business Process Engineering,BPR)的"信息化"在企业已开展多年。简单来说,企业信息化就是通过信息化手段,把优化后的业务流程进行固化、自动化和优化,并提供业务决策支持。传统的ERP、PLM、CRM、SRM、SCM等IT系统在企业中的应用与实施都是企业信息化。从变革的广度和深度来说,数字化是信息化的深化和升级。如果说信息化是改良,那么,数字化就是革命。

目前,关于企业数字化转型,还存在一些争议和误区。有些企业认为数字化只是信息化的"新瓶装旧酒"式噱头,或者直接把ERP、PLM等IT系统的实施和应用也认为是数字化。也有些企业把简单地上线一个电商网站、企业微信号或微信小程序认为是数字化。还有些企业虽然实施和应用了很多IT系统,也积累了很多数据,但不知道如何有效地去使用这些数据。更有些企业甚至简单地把数字化转型看成企业的一般性信息化工作,把它视为完全是IT负责人或IT部门的事情。当然,也有很多企业只是喊喊口号、赶赶时髦,把数字化转型当成企业宣传的手段来炒作,实际上并没有具体的行动。国际著名咨询机构埃森哲(Accenture)的研究报告指出:数字化转型并非只是简单的技术升级,它更涉及企业经营理念的革新、组织架构的升级、公司文化和心态的调整,甚至商业模式的重塑。

理论与实践相结合,原理和案例相诠释,既有系统性的理论和框架,又有详细的实践案例分析,是本书的一大特色。本书全面、系统地阐述了企业数字化转型的基本范式,包括背景、动因、内容、路径、效果和方法论,可以为企业数字化建设工作提供参考。企业的中高层管理者、企业数字化从业人员、咨询顾问,以及专业为信息技术或管理的高校教师和学生都是本书的目标读者群，本书尤其适合那些即将或正在进行数字化转型的企业。

在本书主要内容方面，笔者结合自身工作经验，提出了企业数字化转型的框架模型。根据该模型，本书从企业数字化转型的内外动因，以工业互联网为代表的数字化技术发展趋势，技术驱动的企业核心能力（连接、整合和创新）提升，包括产品和服务、运营模式、组织形态、商业模式等在内的全方位重塑以及因此带来的业务增长等角度，阐述了企业数字化转型的基本范式。为了有效推动和管理数字化转型工作，本书还阐述了转型过程中的数字化领导力、方法论、战略与执行框架，并从工程学等角度阐述了数字化转型的一般规律。最后，本书介绍"自主运行"和"生态进化"的数字化转型中长期愿景。

在内容编排上，全书共分为十章：

第一章以框架的形式描述了企业数字化转型的基本内容和范式。

第二章介绍了企业数字化转型的背景和内外部驱动因素。

第三章介绍了企业的竞争形势分析模型，并概括了企业的主要核心竞争力。

第四章介绍了以云计算、大数据、物联网、人工智能等为代表的新一代数字化技术，它们是推动企业数字化转型的使能（Enabler）和支撑。

第五章介绍了在工业互联网等数字化技术支持下，企业的连接、创新、整合等核心能力的大幅提升。

第六章介绍了随着核心能力的提升，企业在产品或服务、运营模式、组织形态、公司决策和治理、商业模式等方面的重塑。

第七章介绍了企业实现数字化转型后可能带来的运行效率提升、营业收入和利润增长、组织进化等方面的效果。

第八章分别从数字化之道、数字化之法、数字化之术、数字化之势的角度阐述了企业数字化转型过程中的领导力和方法论。

第九章从行业发展趋势和企业自身特点出发，阐述了企业如何制定数字化愿景和蓝图，以及如何结合企业的关键成功要素和当前面对的问题，从策略和举措等角度，阐述企业如何启动当下的数字化转型工作。

第十章从工程学和方法论等角度，阐述了企业数字化转型的一般规律。即从企业竞争原型的分析出发，以原型（竞争原型）到实例（竞争力）的演变作为方法论指导，结合企业实际情况予以权变，以重塑企业竞争力。笔者将本章作为本书的小结，期望本书具有更广泛的参考意义，也便于读者自行开发适合本企业的转型框架和方法。

后记从组织发展的角度再次阐述了企业数字化转型和变革工作只有起点，没有终点。但是，作为企业的中长期发展愿景，"自主运行"和"生态进化"将指引企业和人们前进。

为了让内容更具有阅读性，本书部分章节末尾附上了一些企业的数字化转型实践案例或扩展阅读材料。这些案例或阅读材料的内容大多来自互联网，具体来源不在此一一列举。在此，对上述案例的编写者和刊发媒体表示衷心的感谢。

接下来，让我们一起踏上数字化转型的求索之旅。

Contents 目 录

前言

第一章 数字化转型框架 ··· 1
    第一节 从历史看现在 ·· 3
    第二节 "格物致知"与数字化 ·· 7
    第三节 改良与革命 ·· 11
    第四节 数字化转型框架 ·· 14

第二章 转型动因 ··· 22
    第一节 环境分析的一般方法 ·· 24
    第二节 数字化时代的环境特点 ·· 30
    第三节 路径依赖和组织僵化 ·· 35

第三章 竞争形势与核心能力 ··· 40
    第一节 竞争形势 ·· 42
    第二节 核心能力 ·· 45

第四章 技术进步 ··· 48
    第一节 信息技术的功能特点 ·· 50

第二节　信息化与数字化 ·· 55
　　第三节　典型的数字化技术 ·· 62
　　第四节　数字化技术解决方案 ·· 73

第五章　核心能力提升 ·· 97
　　第一节　连接能力 ··· 100
　　第二节　整合能力 ··· 105
　　第三节　创新能力 ··· 112
　　第四节　能力"哑铃" ·· 121

第六章　数字化重塑 ·· 127
　　第一节　产品或服务的重塑 ·· 130
　　第二节　运营模式的重塑 ·· 139
　　第三节　组织结构与领导力的重塑 ·································· 156
　　第四节　公司决策与治理的重塑 ····································· 160
　　第五节　商业模式的重塑 ·· 164
　　第六节　信息技术架构的重塑 ··· 168

第七章　数字化增长 ·· 179
　　第一节　效率提升 ··· 180
　　第二节　营收增长 ··· 186
　　第三节　组织进化 ··· 193
　　第四节　增长黑客 ··· 196

第八章　领导力与方法论 ·· 199
　　第一节　数字化之道 ··· 201
　　第二节　数字化之法 ··· 205

第三节　数字化之术 ·· 221
　　第四节　数字化之势 ·· 229

第九章　战略与执行 235
　　第一节　数字化战略 ·· 237
　　第二节　数字化执行 ·· 244
　　第三节　数字化绩效 ·· 262

第十章　小结 ··· 269

后记 ··· 281

参考文献 ··· 283

Chapter 1 | 第一章

数字化转型框架

在一个变化越来越快、越来越复杂的世界里,企业应该通过不断学习发展自身的适应能力。在将来,只有那些懂得如何激发组织内各个层次人学习热情和学习能力的组织,才能傲视群雄。

——彼得·圣吉《第五项修炼》

当今时代,是一个信息爆炸的时代,现在困扰人们的不是信息量太少,而是信息量太多,多得不知道如何从中识别真伪。在数字化时代,人们迫切要提高的,不仅仅是数据获取的能力,更要注重和强化数据加工与整理的能力,即如何从数据的瀚海中找到那片"绿叶",并始终能辨别出事业和人生的"真北"。

人人都有困惑的地方,或者困惑的时候。之所以说"选择"比"努力"重要,那是因为,选择了正确的方向,即使走得再慢,终有到达目的地的时刻;如果选择了错误的方向,即使走得很快、很努力,结果却是背道而驰。谁也不能保证,每次都能选对正确的方向,因而才要始终保持清醒的头脑,以实践来检验之前的决定，必要时，及时做出针对性调整。

  作为当下的谈论热点，数字化转型到底是一个新兴话题，还是老生常谈？如果说是一个新兴话题，那么，"新"在哪里？如果说仍然是老生常谈，那么，"常"在哪里？也许，从历史的尘埃中能找到那个"常"，从技术的特点中能找到那个"新"。以"常"驭"新"，方为数字化转型之道。

第一节　从历史看现在

如果中国的历史传统中有哲学的话，那就是"体用"哲学，也就是庄子所说的"内圣外王"。"内圣"是"体"，"外王"是"用"。"用"因"体"存，要想"外王"，就必须"内圣"；"体"因"用"显，做到了"外王"的人才算真正的"内圣"。

数字化转型就是当代的"体用"实践，转型的着力点和推进路径在"体"，即"体"的变革；最终目的和检验标准是"用"，即"用"的重塑。企业数字化转型的"体"是企业的能力、产品或服务、组织架构、运营和商业模式，等等；企业数字化转型的"用"是企业中产品或服务的创新性、运营效率、业务增长和组织进化。

《礼记·大学》讲："格物，致知，诚意，正心，修身，齐家，治国，平天下"。"格物、致知、诚意、正心"是"内圣"；"修身、齐家、治国、平天下"是"外王"。但是，"内圣外王"不仅仅是学，或是嘴上说说，而是要行，要用实际行动来证明。

三教九流，士农工商。中国古代是农耕社会，十分重视士和农，抑制工和商的发展，所以"外王"也主要指的是"士"在国家治理方面所做出的成绩。现代社会，农、工、商同样可以为国家和社会做出重大贡献，仍然可以达到"内圣外王"的境界。

史蒂夫·乔布斯说："Stay hungry，Stay foolish。"其实就是"损之又损，以至于无为"。由此可见，明白人说的都是同一回事，这才是事物发展变化的"常"。

人们热衷于讨论数字化转型的各种案例，实际上，转型的本质和内涵就是识变、应变、求变。从应对变化的角度来说，社会、组织和个人的转型从来没有停止过，可以说是一个"老生常谈"的话题，过去在谈，现在在谈，未来还要谈。"老生常谈"之"常"，已经发生和持续了数千年。

对业务流程重组等管理变革的再学习，则可以从管理和技术的角度，帮助人们寻找社会和企业发展与变革的脉络。

业务流程重组（Business Process Reengineering，BPR）首次由美国的迈克尔·哈默（Michael Hammer）和詹姆斯·钱皮（Jame Champy）提出，并在20世纪90年代发展成为一种流行的管理思想，至今还发挥着积极的作用。

业务流程重组提出的背景，可以用当时社会和经济发展的"3C"现象来概括：Customer（顾客）、Competition（竞争）和Change（变化）。

1）Customer。随着社会生产力的发展，产品开始供过于求，买卖双方的主导权开始从卖方转移到买方，顾客对商品有了更多的选择余地，并对产品或服务提出了更多、更高、更个性化的要求。

2）Competition。技术进步使得市场竞争的形势日益剧烈。尤其经济发展的全球化，企业不仅要面对本国同行的竞争，还要面对跨国企业的竞争，而竞争的背后是企业综合实力的较量。

3）Change。市场需求日益多变，产品生命周期的单位从年缩短到月。在技术进步的推动下，产品形态、生产系统、营销策略等的变化已经成为常态。建立在大规模、标准化消费下的批量生产已经适应不了快速变化的市场。

为了应对上述挑战，迈克尔·哈默和詹姆斯·钱皮提出的业务流程重组，建议企业从组织的业务过程出发，从根本上思考每一个活动的价值贡献，然后运用现代的信息技术，对人力及工作过程进行彻底改变，并重新架构组织内的各种关系，以在成本、质量、效率、及时性和服务等方面实现重大改进，从而得以大幅提高企业运营效益。

从发展脉络来看，业务流程重组不是空穴来风，它是建立在20世纪80年代以来，重建（Reconstruction）、重构（Restructuring）等管理思路和方法基础上，与信息技术发展紧密结合起来的一种管理变革，强调企业组织形式以"流程导向"替代原有的"职能导向"，为企业经营管理提出了新的思路。

为了顺利推进业务流程重组的工作，很多专家认为，业务流程重组必须以客户（满意）为中心，采用业务改进作为效果度量手段，强调高层管理者推动和团队合作，并充分落实根本（Fundamental）、彻底（Radical）、显著（Dramatic）和流程（Process）四个原则或要素。

回顾业务流程重组这一管理变革的历史，人们可以发现，因境而变，因变而动，以客户为中心，高层推动和团队合作，文化和价值观先行，彻底和显著的改变，技术落实，等等，这些原则和要素，同样适用于数字化转型的实践。如果一定要找出两者之间的差异，业务流程重组的主旋律是以流程驱动（Process-Driven）的变革，数字化转型的主旋律则是以数据驱动（Data-Driven）的变革。

扩展阅读：什么是业务流程重组？

业务流程重组（Business Process Reengineering，BPR），也可翻译为业务流程再造，最早由美国的迈克尔·哈默和詹姆斯·钱皮提出，是20世纪90年代风靡全球的一种管理思想。业务流程重组通常定义为，通过对企业战略、增值运营流程以及支撑它们的系统、政策、组织和结构的重组与优化，达到工作流程和生产力最优化的目的。

业务流程重组强调以客户需求的满足和满意度提升为目标，以业务流程作为改造对象，对现有的业务流程进行根本的再思考和彻底的再设计，并利用先进的制造技术、信息技术以及现代化管理手段，最大限度地实现技术上的功能集成和管理上的职能集成，以打破传统的职能型组织结构，建立全新的面向流程的组织结构，从而实现企业运营在成本、质量、服务和速度等方面的突破性改善。

业务流程重组的工作推进必须是自上而下、由公司高层推动并主动进行的企业变革，要求企业的高层管理人员亲自参与业务流程重组与实施，并对预期可能出现的障碍与阻力有着清醒的认识，提供有力的政策和资源支持，必要时做相应调整。

业务流程重组与精益管理、6Sigma、全员质量管理等管理思想有着紧密的联系和很多共同点。这些管理思想都强调以客户为中心，着重对流程或作业的持续优化，强调突破性效果，强调充分借助信息化等管理手段，强调企业文化土壤的支持和自上而下的高层主导。

第二节 "格物致知"与数字化

"格物致知"是中国儒家认识世界的一种认识论，是把经验主义认识倾向跟理性主义认识原则相结合的一种认识方法，具体可分为"格物""穷理"和"致知"三个阶段。因为缺乏现代科学的实证方法，"格物致知"主要表现为一种思辨逻辑。如果在"格物致知"的内涵中再补充并完善某些实践方面的内容，则与精益或迭代知识体系中的认识框架有异曲同工之妙。

普通人看事物只是看事物的表面，正如 Jeffrey Pfeffer 和 Robert Sutton 在他们的书中所说："People copy the most visible, obvious, and frequently least important practices."人们总喜欢复制那些可见、常见和容易的案例或现象，而实际上，这些却是最不重要的。精益认识框架告诉人们，不仅要认识案例或现象，更要找寻现象背后的原则和价值观，这就需要精益认识框架做指导。

精益认识框架由五个层面组成：价值观、原则、方法、实践和工具。如图1.1所示，在五层框架的认知金字塔中，上一层指导下一层。如果人们对某一层的认识无法做出是否正确有效的判断，就可以从上一层去寻找答案。比如，看一个工具是否有效，要看它是否符合实践的需要；同样，看一个原则是否有效，要看它是否符合价值观的要求。

精益认知框架同样可以指导数字化转型的实践。从精益认知体系来看，要想数字化转型取得成效，首先要对它有正确的认知。从精益认知框架来看，数字化转型的价值观和原则与其他转型类似，这就是数字化转型中的

"常"；而在方法、实践和工具等层面，数字化转型有它特殊的地方，这是数字化转型中的"新"。数字化转型的"新"，代表的是新的技术、新的工具、新的能力和新的范式。

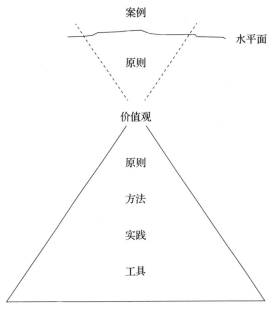

图1.1　精益知识体系的认识框架

数字化中首先是新的技术的出现。以云计算、物联网、区块链、人工智能等为代表的数字化技术，是最近几年或十几年才出现并日益发展和成熟的。相比较20年前乃至往回数更远的时代，它们是全新的技术，全新的技术意味着全新的可能。

数字化中其次是新的工具的应用。虽然还是围绕数据的应用来展开，新一代数字化技术为人们获取数据、加工数据、理解数据、应用数据等，提供了新的方法和工具。新的方法和工具或许让人们得以以更低的成本、更大的容量、更快的速度、更高的效率、更便捷的方式去处理更大、更广、更深、更全面、更实时的数据。

数字化中再者是新的能力的形成。在一个以数据驱动发展的时代，数据处理方面的进步意味着组织或个人新能力的形成。这种新能力也许可以让组织或个人获取到更多的资源，触达到更多的市场或干系人，提升组织或个人进行资源整合和创新、创造、创业等技术或商业活动的能力。

数字化也是一种新的范式。这种新范式，将新的技术、新的工具、新的能力等进行有机组合，并与组织或个人需要解决的问题相匹配，寻求问题解决的高效率和高效益，或解决（新）问题的（新）可能，以实现组织的成功或个人的发展。

作为一个词汇，数字化是一个舶来品，它的英文是 Digitalization。按技术历史学家 Scott Brennen 等考证，Digitalization 最早于 1971 年发表在《北美评论》（North American Review）的一篇论文中提出，作者 Robert Machal 谈到了"Digitalization of Society"。咨询公司 I-SCOOP 对 Digitalization 提出了一个相对明确的定义："数字化是通过数字技术和数据的应用，替代或重塑业务流程，创建一个数字化企业环境，以达到运营效率提高、收入和业务增长。"I-SCOOP 还认为，数字化的核心是数字化信息。可见，在企业的数字化转型过程中，数字化是手段和支撑，企业重塑是目的，效率提升和业务增长是最终成效。

中国古人通过"格物致知"，进而治国、平天下；当今社会，人们通过数字化转型获得发展和成功。当然，作为转型的方法和路径，数字化不是简单地"格竹子"那么简单，它是技术、工具、能力和范式的集合。其中，既有机会，也有风险，需要有一定的框架做参考和指导，对应的就是数字化转型框架。

扩展阅读：新零售、新制造、新金融、新技术和新能源，新在哪里？

2016年10月13日上午，"2016杭州·云栖大会"在云栖小镇开幕。原阿里巴巴董事会主席马云现身大会主论坛并发表主题为五个"新"的演讲。所谓的五个"新"，即新零售、新制造、新金融、新技术和新能源。

第一个"新"是新零售。马云先生认为，线上、线下以及物流的结合才会催生新零售，新零售诞生后又会对纯电商和纯线下产生冲击。

第二个"新"是新制造。新制造代表着智慧化、个性化和定制化的制造。物联网的革命将改变原来工业的规模化和标准化，从B2C走向C2B，也就是人们所说的供给侧改革，改革自己以适应消费者。

第三个"新"是新金融。马云先生表示，过去的200年中，金融支持工业经济二八理论，而未来的新金融必须支持八二理论。新金融将支持80%的中小企业、年轻人、消费者，支持那些曾经没有被支持到的80%的人，创造出真正的基于数据的信用体系。

第四个"新"是新技术。以PC为主的芯片、操作系统移动化，未来新技术层出不穷，互联网和大数据的诞生又为大家创造了无数的想象空间。

第五个"新"是新能源。数据是人类第一次创造的资源，与衣服不同，人用过的数据，你再去用，数据会更值钱，是越用越值钱的东西。

马云先生认为，以上五个"新"将在不久的将来对各行各业产生巨大冲击，但这也正是所有人改变自己的机遇。

各位读者，你认为马云先生讲的五个"新"，到底"新"在哪里？是为了"新"而"新"呢，还是它们具有革命性的新内涵？

第三节 改良与革命

世上唯一不变的是变化本身，企业的日常运营也是如此。实际上，绝大多数企业，每天都在进行各种形式的革新，而持续改进更是管理者的基本职责。既然企业的革新活动已如同"穿衣吃饭"，为什么近年来还要大讲特讲数字化转型呢？这是因为，企业的变革有大小之分，小到改良，大到革命，而数字化转型主要是企业对自身的革命，需要变革的，是与企业有关的先天因素。

从影响面等角度看，组织或个人的成功因素有先天和后天之分，先天因素对组织或个人的影响是整体的、深远的、根本性的，后天因素对组织或个人的影响是局部的、短暂的、表面性的。对先天因素的变革是革命，对后天因素的变革是改良。换句话说，改良只是在"衣服上打补丁"，只能收到局部的、短暂的、表面的成效；如果要彻底改变"衣服的款式"，期望收到整体的、长远的、根本的成效，就必须革命。

医学常识告诉人们，有些疾病是人的基因决定的，基本无法根治。同样，有些企业经营数年就倒闭，其背后的某些问题也是企业创立之初就决定了的，企业的数字化转型就是要对这些企业的先天因素进行变革，以期迎来企业的新生。

企业数字化转型希望革掉那些企业旧有的，曾经给企业带来成功，但现在已适应不了新形势发展的，先天性的东西，以起到整体性、长远的和根本性的成效。显然，"打补丁"的方式只是改良，并不是数字化转型。部分专家学者把工业4.0（Industry 4.0）称为第四次工业革命（4th Industrial

Revolution），其背后的含义也是指数字化给社会和企业带来的将是革命，而不仅仅是改良。

革命作为数字化转型的基本特征，就是要除旧出新，就是要有破有立，而各种形式的重塑则成为数字化转型阶段性成功的标志。如果舍不得摔破或扔掉旧的"瓶瓶罐罐"，数字化转型也就不能称之为转型，数字化转型也就不可能取得根本性成效。很多世界知名企业，在其辉煌的时候，技术、资金、人才都不是问题，最大的问题还是旧的"瓶瓶罐罐"太多而又舍不得扔掉，这些变成了企业转型的沉重负担，束缚了企业转型的步伐而导致企业被时代所淘汰。

作为一种革命式变革，数字化转型需要有顶层设计和自上而下的全员推动。顶层设计的作用犹如人类基因的作用，DNA 排序决定了人的最终性状，而数字化转型的顶层设计决定了转型的愿景、目标和机制。顶层设计中的"顶层"是领导者、决策者对事物的系统化和系统的工程化。顶层设计的设计者与决策者是人类社会事物的各种基因的缔造者，企业顶层设计的设计者与决策者是企业家和高级管理层。著名的企业变革和领导力专家约翰·科特曾经说过"取得成功的方法是，75%～80% 靠领导，其余 20%～25% 靠管理"，而领导的主要内容是变革领导。从这个角度来说，企业的数字化转型首先是企业家和 CXO 的事情。

扩展阅读：数字化革命

2018 年第三期的中欧国际工商学院 *TheLink* 杂志上刊登了范悦安、许斌、周东生等教授的文章 *China's Digital Revolution*。文章认为，数字化革命正在改变全世界的商业模式，并可能导致有些业务，有时甚至是整个行业被淘汰。

文章中提到了麦肯锡全球研究院（McKinsey Global Institute）的一份讨论报告，报告中比较了2005年和2016年全世界电子商务零售交易额，2005年中国所占的份额微乎其微，但2016年已经占到全世界交易总额的42.4%。在移动支付方面，目前中国拥有全世界最多的用户，是美国的11倍。

鉴于数字化革命对中国企业经营模式带来的影响，文章作者在年度"中国商业调查"（China Business Survey）中设置了一些问题，以便更好地理解企业目前采取的行动和未来的计划。在699位受访高管中，82%的受访者宣称其公司已经采用数字技术或是计划在不久的将来采用数字技术（已采用的占72%，计划很快采用的占10%）。此外，目前采用数字技术的企业一致认为，无论是在哪个行业，无论公司规模和类型，数字化都对企业取得成功有着重要意义。大部分采用数字技术的企业表示，数字化有助于它们提高效率，其次是成本优化；少数企业表示，数字化有助于提升收入。

文章认为，技术、组织和领导力是数字化转型的三个主要因素。技术方面，跟上技术的发展并利用最新的技术将会是数字化革命中最大的挑战之一。组织方面，当今的组织需要灵活机动，能够快速响应在不断演进的环境中出现的各种变化，以及客户群的变化。领导力方面，当今及未来的领导者将要面临的巨大挑战是，作为掌舵人，他们对数字时代的了解可能远不及他们所要领导的员工。

在文章的最后，作者认为，数字化革命将会继续下去，它正在改变企业的经营方式，改变客户的期望值。如果想要立于不败之地，企业和个人就要迅速适应环境。

第四节　数字化转型框架

在正式讨论数字化转型框架之前，先简单回顾一下企业实施业务流程重组变革的基本框架和主要步骤。

总结迈克尔·哈默的观点，业务流程重组的变革基本有四个阶段：确定变革队伍、寻找变革机会、重新设计流程和实施流程变革。

乔·佩帕德和菲利普·罗兰则将业务流程重组的变革活动分为五个阶段：①营造环境，包括提出变革愿景、制订变革计划、辨别核心流程、成立变革团队、宣贯变革活动；②流程分析、诊断和重新设计，包括设定流程变革目标、诊断现有流程、诊断环境条件、寻找变革标杆、重新设计流程；③组织架构的重新设计，包括人力资源盘点、胜任度分析、新的组织架构设计、重新定义岗位、组织员工培训；④新流程、新组织的试运行；⑤变革效果评估和持续改进。

威廉姆·J.凯丁格将业务流程变革的推行大体分为六个步骤：构思设想、项目启动、分析诊断、流程设计、流程重建、监测评估。

从上述各位专家对业务流程重组变革活动的阶段划分，我们对企业变革的推进方法，可以推导出这么几个要素：分阶段推行，愿景引导，思想宣贯，重构或重建，评估和改进。根本上还是PDCA（Plan-Do-Check-Act）管理思想的具体化。

当然，专门阐述数字化转型的书籍或研究报告也很多。因为作者的工作背景或研究领域等的不同，这些书籍或报告的侧重点也有所不同。阅读它们，有助于读者对数字化转型形成一个更全面的了解，以免只见树木不见森林。从这些书籍或报告中，关于数字化转型，读者可以找到这么几个主题和关键词汇：

1）创新。创新是数字化转型的灵魂，贯穿了数字化转型全过程的始终。从管理的角度看，数字化转型的管理就是创新的管理。在数字化转型过程中，创新有多种形态，比如产品或服务的创新、运营模式的创新、组织形态的创新、商业模式的创新，等等。

2）文化。文化是数字化转型赖以发生和发展的土壤，文化主要与人有关。组织中的人，其态度、行为和所爆发出的能量是可以正负双向变化的，正向变化可以无穷大，负向变化也可以无穷大。僵化和不愿变革的企业文化将把数字化转型扼杀在摇篮中，学习型和主动拥抱变革的企业文化则是数字化转型的"黑土地"。

3）洞察。准确和及时的洞察是数字化转型的前提。只有准确和及时地洞察到市场和用户需求变化的趋势，企业才可能明确数字化转型的方向。在数字化时代，谁也无法准确地预测未来，而对细微变化的洞察则完全有可能。所谓"领先半步，就步步领先"，靠的就是洞察。

创新、文化、洞察是数字化转型的三个关键词，作为专门为数字化转型服务的参考和指导。数字化转型框架也应该将这三个关键词体现进去，并包含转型所涉及的方方面面，比如，转型的动因、外部环境和内部组织因素、转型的目的和内容，等等。也应该以过程的视角把转型的过程和主要阶段描述出来。数字化转型框架既应给人以空间上的层次感，也应给人以时间上的顺序感，也应有逻辑上的因果联系，更应有整体上的系统性。它既要有方向上的指导性，又要有执行上的可操作性。

图 1.2 是笔者结合自身工作经验，总结提炼的数字化转型框架，供读者参考。

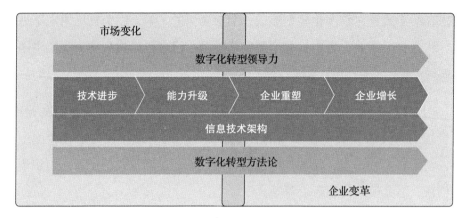

图 1.2　企业数字化转型框架

在图 1.2 所示的框架中，企业数字化转型主要由背景和动因、逻辑和步骤、领导力与方法论等内容组成。

一、背景和动因

企业数字化转型的背景主要是社会、技术和经济等环境发生了变化，尤其是行业形势和客户需求发生了改变，企业需要做出有针对性的调整，即所谓的"与时俱进"。另外，因为组织的惯性，企业内部发展动能也会呈现出活跃→成长→成熟→官僚→僵化的周期性变化。在这种情况下，企业同样需要进行转型和变革。

所谓万事万物皆为因缘和合的产物，企业的转型也是如此，内因和外缘等要素缺一不可，而数字化只是转型的形式和手段。

二、逻辑和步骤

内因和外缘等条件发展到一定的程度，"打补丁"式的改良，已经适应不了环境的变化，企业必须做颠覆式转型。企业数字化转型的过程可以历经这么四个阶段：技术进步，能力升级，企业重塑和业务增长。前两者是手段，后两者是目的，一体一用。企业重塑是"体"，业务增长是"用"。

1. 技术进步

万事俱备，只欠东风。企业转型的"东风"就是数字化技术，而这里所讲的技术是指新一代信息技术（Information Technology，IT）、运营技术（Operation Technology，OT）和通信技术（Communication Technology，CT），具体包括云计算、大数据、物联网和移动互联网、工业互联网、虚拟现实和增强现实、人工智能、区块链、5G通信，等等。

可以说，在人类社会的文明和发展进程中，技术进步是主要的推动力之一。工业1.0是如此，工业2.0是如此，工业3.0也是如此，工业4.0也应是如此。举例来说，腾讯优图公司应用人脸识别和大数据搜索技术来寻找失散儿童，找回率大大提高，这就是技术的力量。

2. 能力升级

通过应用新一代数字化技术，企业可以大大提升自身的核心能力、这包括连接能力，整合能力和创新能力。

连接能力，指的是企业连接上游资源和下游市场及客户的能力。移动互联网和物联网等技术的发展，大大提升了企业的连接能力。淘宝、滴滴等互联网公司就是通过应用移动互联网等技术来提升其连接能力，从而实现业务的快速增长。

整合能力，指的是企业整合资源，并将之转化为创新型产品和服务的能力。工业4.0所指的"三个集成（纵向集成、端到端集成、横向集成）"，本质上就是企业整合能力的提升，这也是工业互联网和智能制造的应有之意。

创新能力，指的是企业创新产品或服务，创新组织形态，创新运营或商业模式的能力。"羊毛出在猪身上，狗来买单模式"、服务型制造是商业模式的创新，这离不开数字化技术的加持；智慧互联产品、车载网联汽车等是产品或服务的创新，同样也离不开数字化技术的加持。

3. 企业重塑

企业的连接能力、整合能力和创新能力得到了提升以后，企业就可以进行全方位的重塑，包括产品或服务的重塑，运营模式的重塑，组织架构和形态的重塑，商业模式的重塑，企业治理、决策和领导力的重塑，等等。

4. 业务增长

企业组织是"体"，业务增长是"用"，全方位重塑后的企业将迎来再次新生和业务的快速增长。企业业务的增长主要包括运营效率的提升，营业收入和利润的增长，以及组织的精简和进化。

5. 信息技术架构的重构

数字化技术的应用，核心能力的提升，产品或服务、运营模式、组织形态、领导力、公司治理、商业模式等方面的重构，等等，都需要，也必将导致企业信息技术架构的重构。

通过新一代数字化技术的应用，推动核心能力的升级，然后再进行企业的全方位重塑，进而实现业务的增长，企业的数字化转型工作才算是初见成效。

三、领导力和方法论

企业的数字化转型征程，本质上是一场企业革命。在革命的过程中存在各种不确定性，也会遇到各种各样的阻力，因而，企业的数字化转型工作既需要勇于自我革命的决心和勇气，也要有科学的方法和流程来予以指导。其中，最关键的是转型过程中的领导力和方法论。

1. 领导力

领导力不仅仅是决心和勇气，更是积极进取和勇于担当。企业的数字化转型是一场变革，需要大破大立，既有先破后立，也有先立后破，甚至是破立同时。在转型实际工作的开展中，经常会出现职责不清的模糊地带，"等"和"靠"的态度只会使企业更加被动，甚至被边缘化。

2. 方法论

企业数字化转型的方法论，包括"道""法""术""势"等内容。

（1）数字化转型之"道"

数字化转型之"道"（DAO），即 Democratic（通俗化），Autonomous（自主化）和 Organic（生态进化）。"通俗化"的其他说法是"草根"或"接地气"。

万物生长于"大地"，同时还要具备自主管理能力，并不断进化，以适应环境的变迁。生物的发展史，就是生物的进化史。任正非先生说，一家卓越的企业必须历经多次起死回生。因为只有经历过多次起死回生的企业，才可能具备一定的进化能力，企业才有可能"基业长青"。

（2）数字化转型之"法"

数字化转型之"法"，即"1024"——一个共同的目标（OKR，目标管理），精益转型（零浪费），创新设计思维和持续迭代交付，以及企业运营的流程化、数字化、自动化和智能化。

（3）数字化转型之"术"

数字化转型之"术"，指的是企业数字化转型过程中具体的策略和战术，包括认知颠覆、工具转换、虚实融合、物种诞生和组织重塑。不为失败找借口，只为成功找方法，是工具的转换；深入一线，技术与业务融合，在"化学反应"中寻找机会，是虚实融合；"鲶鱼效应"和创新创造是"物种诞生"；重塑产品、重塑组织、重塑业态，是企业重塑。

（4）数字化转型之"势"

"飞流直下三千尺，疑是银河落九天。"数字化转型之"势"是企业中的"万有引力"，企业的数字化转型要善于造"势"，借"势"，借"力"，包括政治影响力、哲学洞察力、艺术鉴赏力、工程执行力和商业运营力。

本章所总结的企业数字化转型框架，以技术、组织、工程、商业和系统的融合视角来看待转型这一复杂的过程，有助于人们对其建立起有条理、有层次的理解，从而始终把握住主方向。如果再结合项目管理的方法去计划、组织和实施各项具体任务，可以减少其中的风险和不确定性，有助于转型成功。

扩展阅读：SAP 业务转型管理方法论（BTM^2）

为了成功实施转型项目，知名管理软件公司 SAP 开发了业务转型管理方法论（Business Transformation Management Methodology，BTM^2）。

BTM^2 分析了业务转型的背景和动因，将转型项目的实施分为四个阶段和八大领域，而这些都需要文化层面的要求来牵引，如图 1.3 所示。

1. 转型动因

BTM^2 认为，业务转型的动因可以概括为这么几个：①全球化，以及它所带来的更激烈的市场竞争；②经济形势的恶化，比如金融或财务危机；③劳动力变化，比如人员流动和老龄化；④持续增长的压力，以及它背后的政府监管或市场需求偏好的变化；⑤技术革新，比如信息技术和通信技术的快速发展；等等。

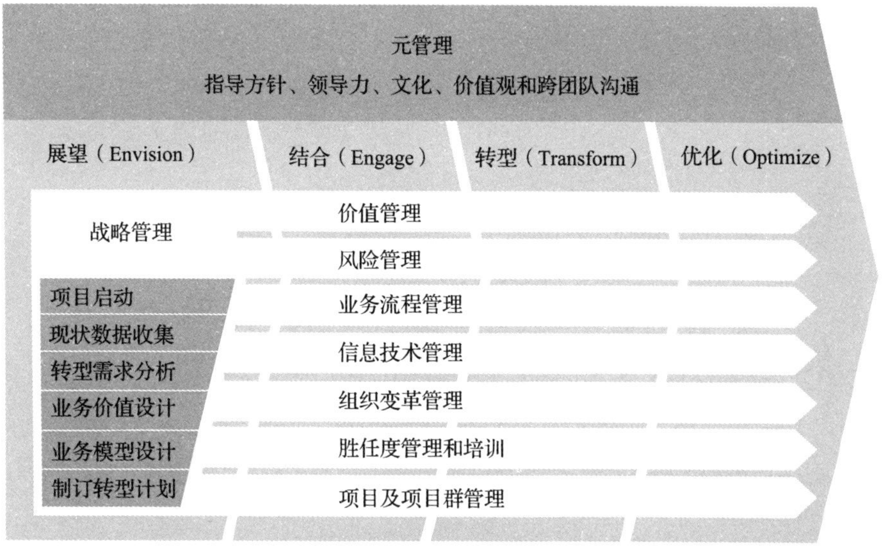

元管理
指导方针、领导力、文化、价值观和跨团队沟通

展望（Envision） 结合（Engage） 转型（Transform） 优化（Optimize）

战略管理 — 价值管理
风险管理

项目启动
现状数据收集 — 业务流程管理
转型需求分析 — 信息技术管理
业务价值设计 — 组织变革管理
业务模型设计 — 胜任度管理和培训
制订转型计划 — 项目及项目群管理

图 1.3 SAP 业务转型管理方法论（BTM^2）

2. 文化牵引

业务转型项目的成功实施需要企业的指导方针、领导力、文化、价值观、跨团队沟通等作为牵引或推动。

3. 四个阶段

BTM^2 将业务转型项目分为四个阶段：展望（Envision）阶段、结合（Engage）阶段、转型（Transform）阶段和优化（Optimize）阶段。

4. 八大领域

业务转型项目的工作涉及八大领域：战略管理、价值管理、风险管理、业务流程管理、信息技术管理、组织变革管理、胜任度管理和培训、项目或项目群管理，等等。

第二章 | Chapter 2

转型动因

> 企业官僚化和惧怕风险是员工职业生涯的杀手，因为它们阻碍了学习。
> ——约翰·科特（John Kotter）

社会是企业的土壤，也是企业的舞台。企业的天地就是企业所处的社会环境。只有认识清楚了社会环境的变化，进而顺应变化，企业才可能持续发展，企业的数字化转型就是企业顺应变化的主动变革，而这些变化可视为企业数字化转型的背景和动因。

企业数字化转型的背景和动因，既有外部因素，比如，外部社会及市场环境的变化；又有内部因素，比如，内部的组织惯性和运行机制的僵化。大部分情况下，上述两类因素兼而有之。了解内、外部的转型背景和动因，有助于企业明确转型方向，并制订出适合本企业的转型策略和路径。

通常来讲，对外部社会及市场环境的了解，可以借助PEST（Political，Economy，Society，Technology）和波特竞争五力模型（迈克尔·波特提出的），分别从宏观和中观来进行；对于企业内部组织、文化和机制的了解，则可以聚焦于企业的微观，通过VRIO（Value，Rarity，Inimitability，Organization）模型来进行。当然，在数字化时代，内、外环境分析的侧重点和方法出现了新的变化，人们可以在传统的PEST等模型基础分析上，做必要的补充、深化和扩展。

第一节　环境分析的一般方法

在传统的企业管理实践中，社会环境的认识和分析可以从三个视角去看，即宏观、中观和微观。宏观看社会环境，中观看行业形势，微观看企业内部。为了确保上述分析具有系统性和可操作性，可分别采用 PEST 模型、波特竞争五力模型、VRIO 模型来进行，如图 2.1 所示。

一、宏观视角

宏观视角是从社会层面去了解企业运行的外部环境。宏观环境的分析可以采用 PEST 模型来进行。PEST 模型分别从政治（Political）、经济（Economy）、社会（Society）和技术（Technology）等角度来展开。

1. 政治环境

政治环境分析包括企业所在国家或区域的政治制度、方针政策、法律法规等内容。近几年，随着中国、印度等发展中国家的崛起，尤其要注意地缘政治的变化给企业带来的影响。

2. 经济环境

经济环境分析包括经济结构、发展水平、经济形势、金融政策等方面。对于中国的广大制造业企业而言，发展动能的转型升级迫在眉睫。尤其是广大中小制造业，要将企业的发展动能从建立在能源、原材料、土地、劳动力等生产要素低成本获取上，尽快转型为建立在生产关系的优化和生产方式的改进以提高资源转化效率的先进制造上来。

第二章 转型动因

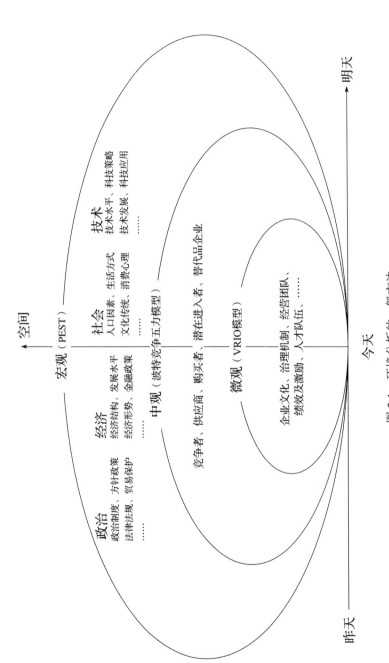

图 2.1 环境分析的一般方法

3. 社会环境

社会环境分析包括人口因素、生活方式、文化传统、消费心理等内容。在人口因素方面，中国社会中的重大变化是人口老龄化。一方面，人口红利逐渐消失，人们的物质性需求减少；另一方面，就业人口中青壮年人群减少，劳动力成本逐年上升，这不仅影响到制造成本的增加，服务业的服务成本也会上升，人们对耐用消费品的质量要求会更高。

实际上，产品质量好，不是它们的企业更有道德操守，而是市场竞争的结果。大家可以想想，如果一台冰箱售价3000元，但用了两年就需要经常维修，而每次维修的人工费和材料费加在一起就要上千元，那这种冰箱还有人要吗？对于耐用品而言，随着人口的老龄化和人工服务成本的增加，产品的高质量、耐用和长生命周期是产品升级的必然趋势。

4. 技术环境

技术环境分析包括技术水平、科技策略、技术发展、技术应用等方面。数字化时代下，在技术发展方面极具影响力的是物联网、人工智能等技术的日益成熟和广泛应用。如果说以机械化、电气化为特征的工业1.0、工业2.0解放的是人类的手和脚，以信息化和数字化为特征的工业3.0、工业4.0解放的则是人类的大脑，将人们从高强度、重复性、日常性、繁杂性事务中解放出来，让大家有更多的时间进行非常规性、创新性活动。

数字化时代的技术发展还有一个特点是去信息中介，记录员、统计员、中间管理层、渠道商等信息中介式组织或岗位的大部分工作将被人工智能等数字化技术取代，社会和企业将日益网络化和扁平化。

二、中观视角

中观视角是从行业层面去了解企业运行的外部环境。中观环境的分析可以采用波特竞争五力模型来进行。波特竞争五力模型分别从既有竞争者、潜在进入者、替代品企业、供应商、购买者五个角度来展开。随着技术的发展和经济形态的变化，应用波特竞争五力模型时，有几个地方需要注意。

1. 单一的竞争关系转变为复杂的竞合关系

企业与既有竞争者、潜在进入者等五种力量不再是单一的竞争关系，竞争中也包含了合作，具体是应该竞争多一点，还是应该合作多一点，要根据具体形势和企业当前的战略需要来定，但肯定不是单纯只有竞争，或者单纯只有合作。

2. 替代品对行业的颠覆性变革

技术等要素的发展，促进了各种形式的跨界，替代品对整个行业的影响力越来越大，甚至可能带来颠覆性变革。以汽车行业为例，从近几年的发展形式看，汽车制造销售企业的竞争压力可能更多来自于 Uber、滴滴这样的共享出行企业，金融企业的竞争压力则可能更多来自于支付宝、腾讯之类的互联网企业。颠覆式变革很可怕，很多行业或企业就是因为颠覆式变革，发生倒闭或整个行业消失，而颠覆式变革往往是替代品企业所带来的，如图 2.2 所示。

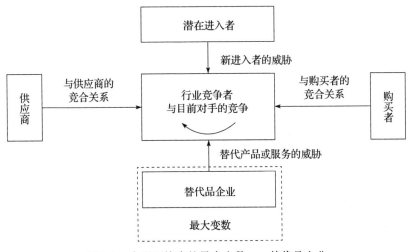

图 2.2　中观环境中的最大变数——替代品企业

3. 竞争五力模型的动态变化

技术进步推动了社会的发展，技术发展的速度加快了社会变革的速度、深度和广度。所谓"城头变幻大王旗"，早上还是明显的竞争，晚上就可能是全方位合作，这要求企业对环境的细微变化要有灵敏的感知，并时时保持权变。

三、微观视角

微观视角是从企业内部去了解企业的组织环境和快速调整能力。微观环境的分析可以采用 VRIO 模型来进行。VRIO 模型分别从价值（Value）、稀缺性（Rarity）、难以模仿性（Inimitability）和组织（Organization）四个维度对企业的资源和能力进行分析，以了解企业应对环境变化和市场竞争的能力。在快速变化的数字化时代，对大多数企业来讲，长期保持稀缺性和难以模仿性是极其困难的，唯有根据环境的变化不断进行调整和重塑，动态地塑造企业的核心竞争力才是根本。

四、结果应用

宏观的 PEST 模型分析和中观的波特竞争五力模型分析，其结果对企业的影响，可以从机会（Opportunity）和威胁（Threat）两个角度去归纳；而微观的 VRIO 模型分析，其结果对企业的影响，可以归类为强项（Strength）和弱项（Weakness）两个类型。这样，将环境分析中的宏观、中观和微观等分析结果综合起来，就是企业的 SWOT 分析，如图 2.3 所示。

需要注意的是，环境分析中的宏观、中观、微观三者是相互关联、动态影响彼此的整体，需要在实际分析中综合起来看，而综合分析的结果，可作为企业数字化转型的指导方向，以帮助企业充分发挥自己的强项并把握市场机会，尽量克服自己的短板并避开外部威胁。

```
                          PEST模型/波特竞争五力模型
        ┌─────────────────────────────────────────────────────┐

              ┌──────────┬─────────────────┬─────────────────┐
              │    外部  │                 │                 │
              │(宏观/中观)│  机会(Opportunity)│  威胁(Threat)   │
              │ 内部     │                 │                 │
              │(微观)    │                 │                 │
 V            ├──────────┼─────────────────┼─────────────────┤
 R            │          │                 │                 │
 I            │ 强项     │                 │                 │
 O            │(Strength)│                 │                 │
 模            │          │                 │                 │
 型            ├──────────┼─────────────────┼─────────────────┤
              │          │                 │                 │
              │ 弱项     │                 │                 │
              │(Weakness)│                 │                 │
              │          │                 │                 │
              └──────────┴─────────────────┴─────────────────┘
```

图 2.3　环境分析与 SWOT 模型

第二节　数字化时代的环境特点

在一切皆可数字化，一切皆已数字化的时代，信息已经在那里，关键是企业会不会用。互联网上有很多公开的统计数据，普通人皆可获得，关键是怎么去加工和应用。在"黄金"稀缺的时候，淘金者是"沙河里淘金"；当"黄金"遍地而携带能力有限时，带什么"金"就很重要。生活中，我们常常忽视了世界上最宝贵的是时间。在信息爆炸的时代，企业的注意力在哪里，未来就在哪里！

1. 环境分析的重点

对企业实践而言，宏观环境、中观环境、微观环境的分析各有重点，宏观看趋势（Trend），中观看态势（Situation），微观看势能（Identity）。

宏观环境分析主要看趋势。货币政策走势（宽松与紧缩之间的转化）、公民常住地趋向、消费价格指数、采购经理人指数、消费者消费行为变化趋势，等等。宏观环境的指标趋势，很多是在两极之间波动，极少数是单向运动。比如货币政策走势从宽松到紧缩，再从紧缩到宽松，等等。企业根据趋势指标当前所在的曲线位置，预测它未来是从波峰到波谷，还是从波谷到波峰，从而采取相应的举措。

中观环境分析主要看态势。在供应严重过剩的数字化时代，波特竞争五力模型应该进行适当的修正，企业不应该把购买者（客户）和供应商视作博弈的对象，应当把购买者视为追求的对象，供应商则应被视为团结的对象，如图2.4所示。剩余的其他三种力量中，对于中观环境的态势分析，主要看企业与竞争者、潜在进入者、替代品企业之间在市场占有率和客户认同度方面此消彼长的动态变化。

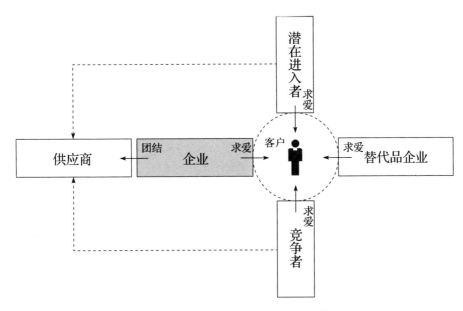

图 2.4 "以客户为中心"的竞争五力模型

微观环境分析主要看势能，即员工对企业的认同度和工作意愿。在传统企业眼里，员工被视为企业资源的一种，员工还带有少许"工具"性质。在数字化时代，随着以人工智能为主体的生产力发展，以及人口老龄化，很多企业不需要直接雇佣很多员工，需要的是具有创新能力的员工。同时，随着社会保障体系的健全，员工在企业的首要目的不再是获取劳动报酬，而是实现个人价值。员工不应被视为一种"资源"，而是应该被当成顾客的一种，是企业"求才"的对象，如图 2.5 所示。

在企业中，员工为企业工作，付出的是时间，得到的是金钱（劳动报酬）和个人价值的实现；顾客购买企业的产品和服务，付出的是金钱（产品或服务的售价），得到的是产品或服务，以及情感认同。如果能够打通员工与顾客之间、员工工作时间与产品或服务之间、员工劳动报酬和顾客购买成本之间、员工个人价值实现与顾客的情感认同之间等的连接，企业就变成了一个平台型生态企业，企业成了顾客、员工之间金钱、时间、产品或服务、情感交换和融合的场所，企业将实现自主管理。这种趋势将在服务型行业率先实现。实际上，很多服务型企业，员工本人就是老板。

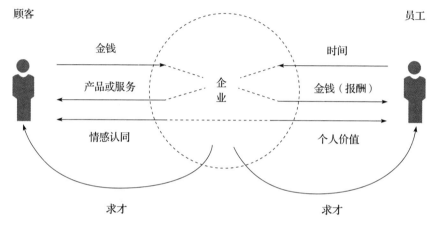

图 2.5　数字化时代企业、客户、员工等之间的关系

在即将到来的智能时代，企业需要精英，对人才的争夺将日益激烈。将员工当成企业的顾客，用服务顾客的姿态去服务员工，用"求爱"的真诚去获得员工的认同，将是未来企业的必然选择。

2. 数据获取的方法

环境分析需要数据，数字化时代为企业的环境分析提供了丰富的数据来源。阿里指数、百度指数、腾讯指数、新浪微博指数、360 指数、爱奇艺指数、搜狗指数、易车指数、清博大数据、艾瑞 APP 指数、移动观象台等，提供各种形式的统计和趋势分析，可以比较方便地用于宏观和中观的环境分析。

在微观方面，通过在企业的官网、电商平台、消费者 APP、微信公众号或小程序等数字化渠道中进行埋点，监控和分析访客的访问流量，进而分析访客对企业的关注度和认可度，可以得知企业在顾客、员工中的势能如何。

另外通过爬虫技术，抓取网络媒体上与企业、企业家、品牌、产品或服务的报道，进而做热力图和负面舆情分析，可以得知企业在公众、媒体等面前的美誉度如何。

上述技术和方案已经很成熟，对于企业做环境分析，提供了很好的技术支撑和数据来源。

扩展阅读：数字化时代的三个特征

《中国企业家》2017年第24期刊发了陈春花老师的一篇文章《数字化时代的三个特征》。文章中，陈老师用三个关键词概括了数字化时代的特征：非连续性、不可预测和非线性增长。

1. 非连续性

按陈老师的观点，在数字化时代，虽然以客户为中心、为客户创造价值、构建自身关键因素、成本结构和盈利模式等可能没有发生实质性变化，但数据、协同和智能所驱动的数字化商业范式则可能与传统范式截然不同。传统的商业范式是连续性的，而数字化商业范式则是非连续性的，其中，现在和未来之间可能存在巨大的鸿沟，过去的成功经验不一定适用。

2. 不可预测

数字化的最大特征在于，大量的要素组合带来的混乱和冲突，使得未来完全不可预测。如同本书后文要讲到的产品结构，它已经是一个由机械、电气电子、软件、互联模块等构成的系统生态，复杂度远超以往，企业的组织形态也是如此。

在这种背景下，企业只有保持开放，并融入其中。如果还按照过去的习惯，以自己的视角去预测未来，就有可能被社会淘汰。

3. 非线性增长

在数字化时代，技术的力量呈现出指数级增长。而不是线性增长；因而，数字化时代需要指数级增长的思维，其荣也迅，其衰也速。初始期的微小增长，有可能迎来后期的爆发式增长；初始期的微小衰退，有可能迎来后期的坍塌和倾覆。勿以恶小而为之，勿以善小而不为，正是数字化时代对每一个企业和个人的告诫。

第三节　路径依赖和组织僵化

针对外部环境的变化，企业需要做转型；而内部组织的僵化，同样也是企业转型的背景和动因。从哲学和心理学角度看，随着企业的发展，内部组织的僵化是必然的，要么是过去的关键成功因素的惯性使然，要么是组织流程和管理机制的变异使然。前者就是人们常说的"路径依赖"，后者则是大家耳熟能详的"大企业病"。

一、路径依赖

从心理学角度看，个人会潜意识地强化那些曾经让他（她）成功的因素，比如技能、作风、性格、经验等，同时会排斥与之相反的对立面，企业也是如此，经济学家道格拉斯·诺斯将这种现象称为"路径依赖"。

对企业实践而言，当这种所谓的"路径"与外部环境的需求相适应时，它就是企业参与市场竞争的准入门槛；当这种所谓的"路径"与外部环境的需求相违背时，它就是企业发展和转型的变革包袱。

就像图 2.6 所示，市场环境就像"键盘布局"，成功路径就像"输入法"。在"输入法"与"键盘布局"相互匹配的时候，文字输入的效率高，这种"输入法"是领先的。一旦"键盘布局"发生调整，曾经的"输入法"就不再与"键盘布局"相匹配了，文字输入的效率低，这种"输入法"就过时了。

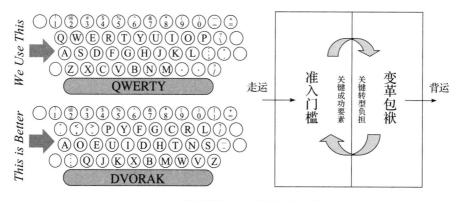

图 2.6　路径依赖——硬币的两面性

二、大企业病

"大企业病"不是只有大企业才会患的病，小企业同样也可能会患，患这种"病"的原因不在于企业规模的大小。在表现形式上，这种"病"指的是企业内部流程或机制的僵化；在本质原因上，则在于企业中的大多数人都是本位主义，如图 2.7 所示。

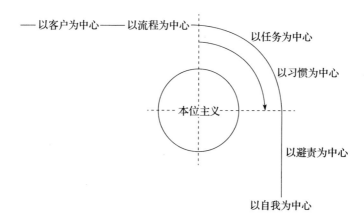

图 2.7　企业中的个人本位主义

在企业创立之初，创业者集所有者、经营者、执行者等角色于一身，所有员工基本可以全员倾听到客户的声音，企业秉承的也基本是"以客户为中心"的企业文化。随着企业中人员的增加和规模的扩大，所有者和经营者会逐渐分离，尤其还会出现很多信息中介和企业代理人，从而所有的员工都不再能与客户直接对话，管理规范的企业会通过业务流程来规范员工的行为，通过流程来间接地确保"以客户为中心"的落实。

企业的内外环境变化是动态的，企业中的业务流程也必须做有针对性的动态调整和优化。企业中某个岗位或单个员工只是流程中的某个节点，如果企业中的业务流程没有得到有效的治理，员工很容易陷入流程的局部和细节中，把流程中的任务当成本岗位的全部要求，并转变为员工个人"以任务为中心"的行为模式。如果再没有有效治理，这一行为模式慢慢就演变为"以习惯为中心"和"以避责为中心"。这种情形下，员工的一言一行，不再是如何服务好客户，而是自己怎么顺手就怎么做，或者是自己什么情况下不会被追究责任就怎么做。到了这一步，整个企业的文化、流程和机制就完全异化了，这就是"大企业病"的由来。这种情况下，企业必须做主动变革，重塑企业的流程和文化。

任正非先生讲，烧不死的鸟就是凤凰。中国传统文化中也有所谓的小成、中成、大成的说法。在有智慧的人看来，个人也好，企业也好，历经多次磨难，每次都濒临死亡却又起死回生，这样的人，这样的企业，才算修行到了一定的高度；以后，即使再遇到狂风骤雨，也能主动和快速调整，安然应对。

如图 2.8 所示，企业从创立开始，经过自身努力得到了一定的发展并有所"小成"，也可能形成某种惰性和惯性。如果惰性和惯性没有根治，就会遇到穷困的境地。如果有勇气和行动去进行变革，也可能迎来再次发展，可以称之为"中成"，这就是所谓的"穷则变，变则通，通则久"。发展的继续结果又有可能是惰性和惯性，也就需再次变革，变革成功了，就是"大成"。

只有把变革当成习惯和必然,并能主动识变、应变、求变,企业形成变革的机制和文化,才有可能"基业长青"。

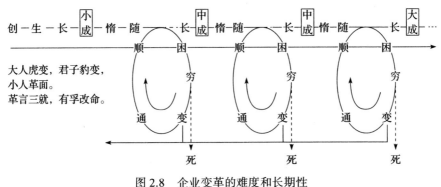

图 2.8　企业变革的难度和长期性

案例分析:胶卷巨人"柯达"是怎样陨落的?

2012年1月19日,曾经的胶卷巨人——"柯达"提交了破产保护申请,这家公司的市值也从1997年2月的310亿美元降至2011年9月的21亿美元,十余年间,市值蒸发了99%。

这家曾经把相机送入太空的巨头,是美国人的骄傲。在鼎盛时期,柯达公司在全球拥有14.5万名员工,将全世界优秀的工程师、博士和科学家都招至纽约的总部。这家拥有130多年历史的百年老店,是胶卷的代名词,美国前财政部长萨默斯曾称赞柯达为其所在的罗契斯特市培育了"至少两代富庶的中产阶级"。

柯达制造的Brownie相机成为至少三代美国人学会拍照的入门相机,"柯达时刻"广告语曾经是美国人日常生活的一部分。柯达也曾被誉为美国最伟大的技术创新者之一,地位相当于今天的苹果或谷歌。

有人说"柯达"是失败在与数码相机的竞争中,但其实,柯达进入数字照相行业并不晚,甚至是数字摄影技术的发明者。1991年,柯达与尼康合作推出了一款专业级数码相机。1996年，柯达推出了其首款傻瓜相机。不过，同富士和奥林巴斯这些竞争对手相比，柯达的动作还是太慢了，仍把主要精力放在传统模拟相机胶卷生意上。

德国专家博西尔指出，柯达5/6的生命里一直是领先者，但在后面1/6的时间里，也就是数字影像大发展时期，却不求改变，"它并非自杀也非他杀，是被时代抛弃了"。可人们不禁要问，"柯达"不求改变的背后原因又是什么？

第三章 | Chapter 3

竞争形势与核心能力

> 我将如何处置它？我该考虑哪些东西？我该担心什么？谁是我的竞争对手？谁是我的顾客？我将走出去与顾客谈话。从谈话中我会发现，与其他企业相比，我这一特定的企业的优势与劣势所在。
>
> ——沃伦·巴菲特（Warren Buffett）

在《管理的实践》等著作中，管理学家彼得·德鲁克有所谓的经典五问：①我们的使命是什么？②我们的顾客是谁？③我们的顾客重视什么？④我们追求的成果是什么？⑤我们的计划是什么？基于这些问题的追问，很多企业将"以客户为中心"作为本企业的核心经营理念。如果将"以客户为中心"的经营理念再推演下去，可以推导出客户价值、客户体验、客户满意等内容，而这些内容要想落到实处，最终还是要取决于企业的产品或服务。

在竞争激烈和快速变化的数字化时代，客户需求在不断地变化和升级，全球化竞争和政策监管愈发严格，给企业中产品或服务的提供带来了更严峻的调整。在一个充分竞争的市场环境中，提供类似产品或服务的企业肯定不止一家，企业要想获得客户的青睐，其产品或服务不仅要与客户需求很好地匹配，与竞争对手相比还需要具有一定的竞争优势，要成为强者中的更强者。

所谓的竞争优势都是比较优势。企业的竞争优势来自于其产品或服务与同行或替代品提供者所提供的产品或服务的比较优势，这种比较是在行业竞争形势的大背景下进行的。从竞争形势到竞争优势，企业可以找到参与市场竞争的方向，沿着这个方向的前进路径就是企业竞争能力的塑造过程。从竞争形势中发现竞争优势，从竞争优势去推导竞争能力所在，是企业战略管理的主要内容。从战略管理的角度来说，企业数字化转型的过程就是企业重塑其市场竞争力和竞争优势的过程。

第一节　竞争形势

企业转型的最终目的是重塑企业的经营机制和竞争优势，以激发企业的活力，使之有能力参与市场竞争。关于企业竞争优势或核心竞争力的实质内容，业内有很多种说法：有从策略选择来讲，比如，成本领先、差异化和专一化；有从表现形式来讲，比如品牌领先、技术领先、质量领先、供应链领先、人才领先；等等。

如果用一棵树来比喻一家企业，树叶、花朵以及果实好比是企业的产品或服务，树枝和树干好比是企业中的产品开发、订单交付等运营流程，树根好比是企业中的财务、人力等支持部门，水和养分好比是企业中的资金和信息流。人们常说，数字化技术是企业业务发展的赋能工具（enabler），那么，对于企业竞争力而言，数字化技术不会是企业竞争力本身，更多的是竞争力背后的赋能器，企业的数字化转型也不只是应用数字化直接对企业的产品或服务发生作用，应该还有其他的承载物。

在分析数字化技术与企业核心竞争力之间的转换关系，或是找到它们之间的转化载体之前，我们可以先来看图3.1——企业竞争形势图，或许通过它，我们能发现些许端倪。

如上述企业竞争形势图所示，企业就如同一个"处理系统"，从上游获得资本、原材料、技术、人力等生产资源，再通过自身的处理能力，将各种资源转化为产品或服务，并将之提供给市场和客户，与市场中的竞争者或替代品提供企业进行竞争。当然，这个"处理系统"的运行还要受所在地国家和地区的政治、经济、社会、技术等环境因素的影响，以及相关产业政策、法律法规、规章制度的管辖和约束。

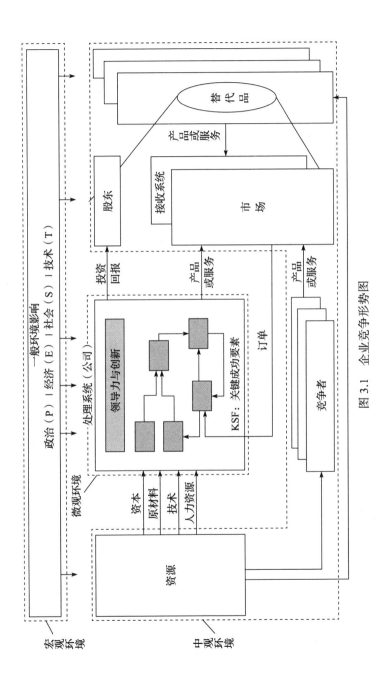

图 3.1 企业竞争形势图

在以往的中国制造业中，企业的生产力主要是基于低成本的生产要素建立起来的，比如利用各地的招商政策来获取低价土地、水、电、气和税收优惠，利用人口红利来获取低价的劳动力资源，另外在工业排放上也不愿花太多钱进行环境保护。

最近几年，随着原材料资源价格的上升，人口红利的消失，以及国家对环境保护力度的加大，低成本生产要素的玩法已经不可持续了，于是，很多制造企业感觉赚钱的难度越来越大。因此，企业需要发展动能的转型，就是要求企业将生产力提升的关注焦点从生产要素低成本获取转变到生产方式和生产关系的优化上来。

数字化技术的发展将重塑企业的竞争形势，尤其引发了大量的跨界竞争。跨界竞争带来的不仅仅是业态的复杂化和竞争加剧，对企业的能力也提出了新的挑战。

以汽车行业为例，传统汽车企业的竞争对手不仅仅有新势力造车企业。如果把汽车产品的本质效用扩展到出行服务领域，滴滴出行、神州用车、高铁、地铁、摩拜单车，等等，都是汽车行业企业的竞争者，而且，这种跨界竞争的演变才刚刚开始。

笔者相信，从技术特点来看，自动驾驶一定是未来汽车发展的关键阶段，而自动驾驶的核心是物联网（车联网）、大数据、人工智能、边缘计算，以及5G等信息和通信技术的发展。因此，传统汽车企业的更大竞争者将来自于苹果、谷歌、亚马逊、阿里、百度、华为等互联网和高科技企业。

传统汽车企业的强项是物理产品的制造，互联网和科技企业的强项是IT、DT（Data Technology，数据技术）和CT，谁主谁从，就要看哪一个的学习曲线更长，技术门槛更高。如果物联网、人工智能等IT/DT/CT的学习曲线和技术门槛要比物理产品的制造技术高，那么在未来，很有可能，互联网和高科技企业会占据着换道超车的优势。

既然汽车行业如此，其他制造行业也可能如此。

第二节 核心能力

从企业的竞争形势图可以看到,企业要获取上游的资源,需要有相应的能力,而这种能力的形成也不是必然的。以数字化的角度来看,我们把这种能力称为企业的"连接"能力。企业的"连接"能力越强,就可以从上游获得更多、更优质的资源。

另外,企业的产品或服务在交过给市场和客户时,也需要有足够和有效的通路,这样才能快速触达大量的优质客户,这也是企业的"连接"能力。简单来说,企业要想参与行业竞争,核心的数字化能力之一是企业的"连接"能力,即,连接上游资源和下游市场的能力。

企业的产品或服务即使触达市场和客户,也并不意味着客户就一定会为它们买单,企业的产品或服务,还需要与竞争者的产品或服务,或者替代性产品或服务来竞争,并打动客户。企业的产品或服务能否打动客户,让客户买单,根本上还是取决于产品或服务的创新性。从数字化转型的角度看,产品或服务的创新性,来自于企业对数字化创新能力的构建与应用。

同一个行业内,为市场和客户提供类似的产品或服务,A企业的盈利性较好,B企业则可能亏损。所用到的资源在类型、结构和成本上类似,提供的产品或服务的形式和价格也类似,为什么不同的企业,其盈利性会有天上和地下的差别?同样用萝卜、青菜、豆腐做食材,为什么《射雕英雄传》中的黄蓉可以做出让口味向来刁钻的洪七公都赞不绝口的珍馐美味,而普通人做出来的则只能用来填饱肚子?根本原因在于,不同的企业,不同的人,他(她)们的整合能力有高下之分。能工巧匠可以化腐朽为神奇,笨夫懒妇则只会废璞玉为碎石。站在数字化的语境下，我们称企业的这种能力为数字化"整合"能力。

因此，从企业的竞争形势来看，我们讲企业的数字化转型，最终要落实到企业的核心数字化能力的重塑，即企业的数字化连接能力、数字化整合能力和数字化创新能力的重塑。随着这些能力的提升，企业就可以连接更多、更好的资源和市场，提供更具创新性的产品或服务，并提高企业所对应的"处理系统"的转化效率，从而更快、更深、更广、更好地参与行业竞争，在竞争中据有一席之地。

扩展阅读：专家学者谈企业核心能力

企业核心能力（Core Competence）的提出者加里·哈默尔（Gary Hamel）认为，核心能力是"组织中的积累性学识，特别是关于如何协调不同的生产技能和有机结合多种技术流的学识"，是组织内的集体学习能力。

咨询公司麦肯锡认为，所谓核心能力是指某一组织内部一系列互补的技能和知识的结合，它具有使一项或多项业务达到竞争领域一流水平的能力。核心能力由洞察预见能力和前线执行能力构成。

管理学者克莱顿·M.克里斯坦森（Clayton M. Christensen）认为，资源（即有什么产品）、应用流程（即怎么使用资源）和组织行为优先顺序（员工价值观）是决定一家企业成功与否的三大能力。

巴顿等认为企业中难以完全仿效的有价值的组织文化是公司最为重要的核心竞争力；奥利维尔认为，不同企业在获取战略性资源时，决策和过程上的差异构成了企业的核心竞争力；梅耶和厄特巴克提出，核心竞争力是企业在研究开发、生产制造和市场营销等方面的能力。

管理学者陈春花认为，价值性企业需要具备四种核心能力，即价值观和企业精神力、战略洞察力、计划控制力、组织适应力和创新力。

阿里巴巴的学术委员会主席曾鸣先生在其著作《智能商业》中提出，支撑腾讯、阿里巴巴、谷歌、亚马逊和 Facebook 等互联网公司在短短十几年时间内成长为市值超 3000 亿美元的公司的决定性因素，是网络协同和数据智能。换句话说，曾鸣先生将网络协同和数据智能视为上述企业的核心能力。

概要来说，不同的人，对企业核心能力有不同的说法。总体上，核心能力指的是产品、营销或企业表现的某些东西。

第四章 | Chapter 4

技术进步

人工智能思想的到来加速了其他所有颠覆性趋势的进程,它在未来世界中的威力与曾经的"铀元素"相当。我们可以肯定地说,智化是必然的,因为它已经近在咫尺。

——凯文·凯利《必然》

人类社会现代工业文明的发展,本质上是技术推动的。按德国工业部门的提法,从工业 1.0 到 2.0,再到 3.0 和 4.0,其背后的主要支撑就是相关技术的发展,如图 4.1 所示。

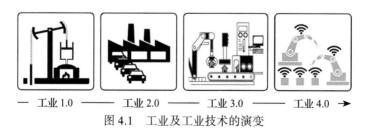

图 4.1 工业及工业技术的演变

在工业 1.0 时代,在蒸汽机技术的推动下,蒸汽动力驱动机器并替代人工，实现了人工制品的初步机械化。从此，手工业从农业中分离出来，开始逐步进化为工业。

在工业 2.0 时代，以电气化技术为主要推手，以电力的广泛应用为标志，再加上生产流水线的发明，工业品生产的效率得到了大大提升，工业进入到大规模生产时代。

在工业 3.0 时代，随着 PLC（可编程逻辑控制器）、个人电脑和互联网等技术的成熟，以工业生产的自动化和信息化为主要标志，机器不但替代了人的大部分体力劳动，同时也接管了人的部分脑力劳动，生产的协同化、精益化程度日益提高，工业品生产能力也大大提高，市场进入供过于求的时代。

以物联网、人工智能、云计算等数字化技术为代表的工业 4.0 时代，又称为智能时代，机器基本能够完全替代人的体力劳动和重复式、事务性脑力劳动，人类将有更多时间从事创新性工作，而个体化定制和服务型制造也将成为普遍的运营模式。

对中国的大多数企业而言，工业 3.0 还是正在发生的事情，工业 4.0 则可以视为中长期的发展愿景。工业 3.0 或工业 4.0 将带给社会和企业的深远影响，可以从 2019 年 6 月 14 日《人民日报》的整版报道中一窥端倪。其中，又以国务院发展研究中心产业经济研究部赵昌文部长的观点最具代表性[一]，如下：

从技术和产业的视角，可以对当今人类所处时代作出诸多不同表述。但是，无论是新工业革命、第四次工业革命、第二次机器革命、下一代生产革命还是新一轮科技革命和产业变革，其核心内容都是新一代信息技术的创新发展及其对人类社会生产生活方式带来的巨大而深刻的影响。据此可以得出一个基本判断：当今世界处于以信息化全面引领创新、以信息化为基础重构国家核心竞争力的新阶段，迎来了新一轮信息革命浪潮。

[一] 参见人民网 http://opinion.people.com.cn/n1/2019/0614/cl003-31136222.html。

第一节　信息技术的功能特点

作为企业转型的使能器，对企业的经营管理而言，为什么信息技术具有如此神奇的功效呢？它们是"点金之笔"吗？还是"撬动地球"的支点？或许，通过图4.2，我们可以有一些有趣的发现。

基本上，关于企业的使命有各种各样的说法，在这里，我们也可以用"4D"来概括，即Discover（发现）、Design（设计）、Develop（开发）和Deliver（交付）。

首先，企业要善于发现或挖掘客户的需求，也就是所谓的客户痛点（Pain Point）。或者说，把这些痛点进一步提炼为他们有待解决的问题（Problem）。客户痛点还是一些模糊性、感觉性描述，而待解决问题则更明确、更系统，它们可以用4W（Who，What，When，Where）的结构来描述。

其次，在找准了客户痛点或有待解决的问题后，企业要设计有针对性的解决方案。解决方案描述了以什么样的流程（Process），由什么样的人（People），通过什么样的渠道（Place）或形式，以什么样的价格（Price）来提供。

再次，如果解决方案还只是设计层面，而要能够落地就必须转化为工程层面。换句话说，从成本、质量和交期等工程要求出发，解决方案最好有合适的产品（Product）来承载。而产品工程层面的问题需要通过系统性的开发工作来完成。

最后，产品需要以具体化、可感知、可体验的形式交付到客户手中，让客户真正地受益，这称之为客户价值的提供（Customer Value Provision）。只有这样，企业才能实现源于客户、终于客户的端到端的使命。

从4D的企业使命，引申出了8P（Pain Point，Problem，Process，People，Place，Price，Product and Customer Value Provision）的企业经营活动，而活

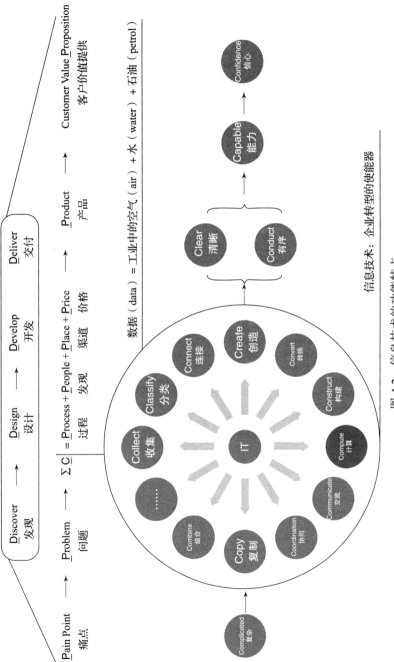

图 4.2 信息技术的功能特点

动的有效开展有赖于企业的相关能力。对于这些能力，我们可以用$\sum C$（Capability）来表示，即一系列的关键能力或能力集。有了这些能力，企业才有方向（Conduct）、有信心（Confidence）地完成好各项经营任务，才可能实现目标明确、方法有效、过程有序的企业运行。在上述关键能力集中，有三类能力是非常关键且与信息技术息息相关的，即连接能力、整合能力和创新能力，而整合能力又可进一步划分为分类能力、计算能力、协同能力。

连接能力（Connecting Capability），即企业连接资源、市场和客户的能力、互联网，尤其是移动互联网、物联网等信息技术对于提高企业的连接能力有非常大的促进作用。

分类能力（Classifying Capability），即通过信息技术的应用，将企业中的流程、产品、人员、设备、工具等各种业务对象进行数字化，再在此基础上进行标识和分类。企业的分类能力可以帮助企业把复杂（Complicated）的环境有序化（见图4.3）。分类能力是企业计算能力的前提。

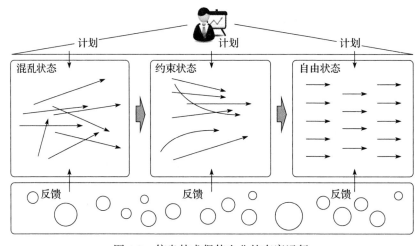

图 4.3　信息技术促使企业的有序运行

计算能力（Computing Capability），即应用信息技术，对企业的各种要素进行处理和运算。一只羊加一只羊等于两只羊，一头牛加一头牛等于两头牛，那么，一只羊加一头牛等于什么？物理世界的不同事物是无法做数学计算的，在数字世界，则可以对它们进行逻辑性加工和计算。从信息技术的角度看，企业中的物流、资金流和信息流，本质上都是数据流。

协同能力（Collaborating Capability），即不同企业、不同部门和不同人员的有机分工和高效协作。通过信息技术的应用，企业可以建立基于数据和流程的协同机制，从而大大提高企业中的协作质量，将专业化、市场化、社会化大协作体系推向新的广度和深度。

创新能力（Creating Capability），即企业提供创新性产品或服务，或创新性提供产品或服务的能力。前者指企业中产品或服务的创新，后者指企业的商业模式或运营模式的创新。信息技术不仅可以改进企业的商业模式或运营模式，比如电子商务的兴起；也可以作为产品或服务的构成要素，开发出创新性产品或服务，比如智能电视、车载网联汽车，等等。

在企业的4D（发现、设计、开发和交付）使命和企业的经营活动（过程、人员、产品、渠道等）之间，起着纽带和支撑作用的就是企业的能力，而信息技术对企业的连接能力、整合能力（分类、计算和协同）和创新能力具有明显的赋能效果，这也是信息技术相较于机器设备、工装夹具、土地房屋等生产设施所特有的功能特点，如图4.4所示。概括来说，信息技术给企业补的是"五官"和"脑"。

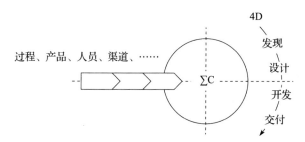

图 4.4　企业使命、经营活动和信息技术

案例分析：腾讯优图 AI 一次找回 4 名失散 10 年的孩子

腾讯优图 AI 开放平台，是腾讯公司采用世界领先的人脸识别技术、自研 Uface 深度训练模型技术等开发而成的，可以提供业界最好最优的人脸识别服务。其中，非常具有社会意义和代表性的应用如找回失散人员。

根据 2019 年 6 月 14 日《新华每日电讯》调查·观察周刊的报道，四川警方通过腾讯优图实验室跨年龄人脸识别技术的圈定，再进一步进行 DNA 亲子鉴定，找到了 4 位走失大约 10 年的孩子。这种情况，在国内还是第一次。其中，就有一位小名叫"小耗子"的儿童。"小耗子"于 2009 年 6 月 12 日与家人失散，年仅三岁。失散后，"小耗子"的父母开始了长达 10 年的寻找，不得，"小耗子"成了全家人最大的伤痛，也是爷爷去世时的唯一牵挂。警方求助腾讯优图团队后，利用它们的模型对海量数据进行了实际比对，圈定了与每个被拐孩子最像的排名前五的结果并进行了线下确认，再通过 DNA 检测，第一批成功确认了 4 个被拐儿童，其中就有"小耗子"。

腾讯优图 AI 平台，通过人脸识别技术，大大提高了失散人员的甄别效率。据统计，截至 2019 年 6 月，通过使用该技术，仅福建省公安厅的"牵挂你"防走失平台就累计找回 1000 多人，让过去的不可能成为现在的可能，这是人心的力量，也是技术的力量。

第二节 信息化与数字化

数字化转型（Digital Transformation）是最近几年才比较流行的词汇。实际上，在过去二十多年中，人们谈得比较多的是以 ERP、PLM、CRM 等为代表的信息化。曾经有段时间，"不上 ERP 等死，上 ERP 找死"之类的阐述，是人们时常谈及的话题。与之相对应的，是企业在实施 ERP 时是否要先做业务流程再造（Business Process Reengineering，BPR）的讨论。和当前的企业数字化转型相类似，BPR、ERP 曾经也是企业变革的同义词。

企业管理技术的演变示意如图 4.5 所示。

在工业和制造领域，为了推动信息化在企业的深入应用，作为一种产业政策，在 21 世纪初，中国国家工信部提出了"两化融合"的导向，要求在全国各地予以推广，之后又在党的十七大报告中明确提出并确立了其纲领性地位。"两化融合"，即信息化和工业化的高层次深度结合，是指以信息化带动工业化、以工业化促进信息化，走新型工业化道路；"两化融合"的核心就是信息化支撑，以追求可持续发展模式。

那么，现在大家都在谈数字化转型、工业互联网和智能制造，这些提法与之前的业务流程再造、信息化和"两化融合"有什么区别呢？是"新瓶装旧酒"呢？还是前者的进一步深化？这种区别有本质性不同吗？按笔者的理解，两者在所使用到的信息技术上有根本的不同，信息化时代的信息技术以三层架构、关系型数据库、PC 互联网等技术为主要代表，数字化时代以物联网、大数据、人工智能等技术为主要代表。因为所使用的技术不同，呈现出来的效果就有了很大的差别。与信息化相比，数字化在数据的采集方式、存储方式、结构类型、准确性、及时性、完整性、粒度、应用方式等方面，都有了指数级的提高。它们之间的详细比较如图 4.6 所示。

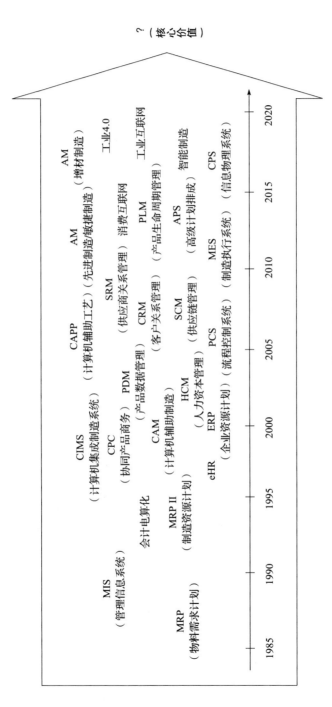

图 4.5 企业管理技术的演变

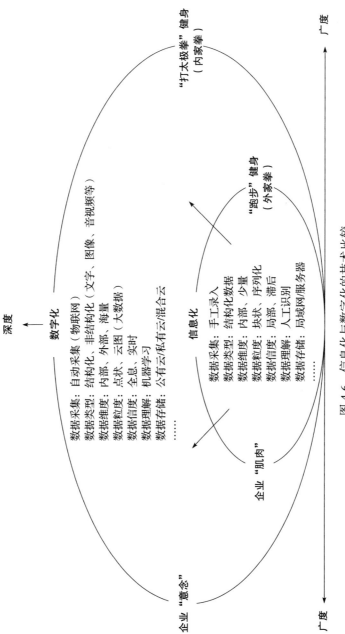

图 4.6 信息化与数字化的技术比较

1. 采集方式

在信息化时代，对业务数据的采集主要通过人工录入来完成，少量可以借助条形码扫描枪以半自动的方式，或者通过无线射频识别技术（RFID）自动来完成。数字化时代，借助传感器、物联网、人工智能等技术，可以实时采集到与机器或设备运行有关的数据，也可以采集语音、图片、视频等类型的数据。甚至有咨询机构预测，在未来，人工智能将取代键盘、鼠标、显示器等传统设备，成为人机之间的主要交互界面。

2. 存储方式

在信息化时代，业务数据主要存储在中央型关系数据库中，客户端基本不存在任何业务数据，存储的数据量主要以 MB、GB 级来计算。在数字化时代，包括边缘计算、雾计算等在内的云计算技术的成熟应用，数据能以分布式、去中央化的方式存储，且存储能力基本以 TB、PB 来计算。

3. 结构类型

在信息化时代，IT 系统处理的数据主要以数字和文本为主，能处理的数据类型非常有限，也就难以对业务进行充分的数据化，更不要说对业务运行进行高仿真的模拟。在数字化时代，尤其是借助人工智能等技术，物理世界的一切皆可数据化，包括声音、图像、动作，等等。

4. 数据信度

在以往，很多企业应用 ERP、PLM 等 IT 系统的效果不好，部分原因是数据的信度不够，结果就有了"Garbage in，Garbage out"的说法，要么 IT 系统中垃圾数据一大堆，要么隔大半个月才能出具上月的财务报表等，根本不能或很难用于指导业务的实时运行。在数字化时代，数据的准确性、及时性、完整性等方面都得到了大大提高。从技术手段上讲，物理世界的业务一切皆可数据化，保证了数据的完整性；通过物联网等方式进行业务数据的自动采集，保证了数据的准确性和实时性。一旦数据的准确性、及时性和完整性能够保证，企业就可以借助数据化来进行及时的业务决策和实时的业务监控。

5. 应用方式

在数字化时代，还有一个根本性的改进是数据的应用方式。在信息化时代，数据的加工和分析还是要靠人工来进行。如果使用人员对企业的业务运行不熟悉，即使手里有数据，也不知道怎么分析，那么对业务的了解仍有可能是"一抹黑"。在数字化时代，随着高级分析、机器学习等分析技术的成熟应用，计算机会自己学习和分析数据，从而可以在基本不需要人工干预的情况下，完成数据应用的 PDCA 循环，举例如图 4.7 所示。当前，预测性质量管理、预测性安全保障、预测性设备维护等预测性分析和应用场景已日渐成熟，如果再深入下去，规则式响应的可能性也将逐渐提高。

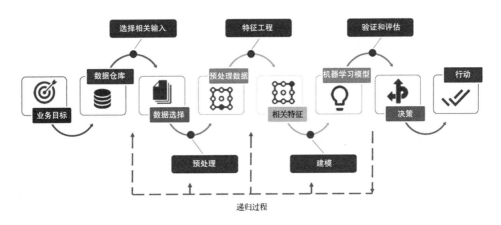

图 4.7　典型的机器学习过程

综上所述，在所使用的技术上，以及对数据的获取、存储、加工和应用方式上，与信息化相比，数字化都有了显著性改进和提高，这种改进的积累已经到了由量变到质变的临界点，这才有了所谓的企业数字化转型。

案例分析：工业物联网推动上海仪电制造数字化转型

上海仪电（集团）有限公司（以下简称上海仪电）是上海市国有资产监督管理委员会所属的国有大型企业集团，致力于成为智慧城市整体解决方案的提供商和运营商。

为了在瞬息万变、技术更新迅速的液晶显示材料产业中立于不败之地，上海仪电希望在产量、质量、效率、成本控制与减少能源消耗等方面形成竞争优势，这就需要建立一套智能化的数据收集、存储、处理、分析与显示系统，以满足其对海量生产运营及环境数据、能耗监测数据的快捷获取与分析的要求。

生产运营及环境和能耗数据传统上均是通过各类统计报表来收集的，存在汇总流程复杂、人工处理耗时久、多种信息无法集中显示等问题。同时，工厂的生产情况、设备运行与维护的状态也无法直观、透明地呈现在工厂各级管理人员面前，这些成了提升上海仪电生产与管理效率的阻碍。

为此，从2016年1月开始，上海仪电启动了"智能制造示范工厂"建设项目，以优化现有数据的搜集、整理和分析能力，并完成工业物联网技术平台的架构设计，实现对工厂生产运营状态的可视化。通过无线网络通信技术与传统的监控、检测及感应设备相结合，上海仪电解决了以往工厂内生产及环境实时信息收集汇总缓慢滞后的问题，实现了对厂区内的电、气、水等资源消耗及环境变化信息的自动采集与快速汇总。在此基础上，上海仪电还部署了一套大数据平台解决方案，实现了对工厂全部能源消耗、生产制造进程数据的集中存储、处理与分析，在保障数据安全的同时实现了对海量信息的快速抓取、集中处理与深度分析。

此外，通过部署工厂效率智能仪表盘，上海仪电实现了在一体化显示平台上将生产情况、产品质量、设备状态、厂内环境、能源消耗等主要生产绩效指标（KPI）统一显示，实现了对厂内生产情况监控、设备故障症候及早发现与预警、全厂整体效率的可视化，方便工厂管理者发现问题并及时改善，实现了可视化、透明化工厂的目标。通过运营数据分析，上海仪电的产量超过原设计能力的25%，同时产品生产周期缩减了50%。此外，生产线上的状况每45秒就会更新一次。一旦生产线出现异常情况，就会启动自动报警程序，从而实现故障的主动预防。

第三节　典型的数字化技术

数字化技术，是由多种现代信息技术组成技术栈（Technology Stack），而且，这个技术栈仍处于不断发展和成熟中。本节中，笔者选取部分具有技术代表性的、对企业数字化转型具有重大影响的数字化技术，做一些概要性介绍，便于读者对它们有基本的了解。

1. 云计算

云计算（Cloud Computing），是分布式计算的一种，指的是通过网络"云"将巨大的数据计算处理程序分解成无数个小程序，然后，通过多台服务器组成的系统，处理和分析这些小程序，并将得到的结果返回给用户。云计算技术的发展早期，简单地说，就是简单的分布式计算，用于进行任务分发，并实现计算结果的合并。从这个意义来讲，云计算又称为网格计算。通过这项技术，可以在很短的时间内（几秒钟）完成对数以万计的数据的处理，从而提供强大的网络服务。

现阶段所说的云计算服务已经不单单是一种分布式计算，还包含效用计算、负载均衡、并行计算，等等；同时，也是网络存储、热备份和容灾、虚拟化等计算机技术混合演进并综合的结果。

从形态上看，云计算还包含边缘计算和雾计算等形式的计算服务。从能力表现看，云计算也代表了弹性运算，即连接能力、计算能力和存储能力的可大可小和即需即供，可以根据应用的负荷大小进行实时调整。这样，用户就可以根据实际业务或计算的需求，灵活主动地购买云服务器、负载均衡、云数据库、网络通信等计算资源，以实现按需使用、按需付费和按需交付，在得到高质量计算服务的同时，尽量降低使用成本。

从所有权的形式来看，云计算有公有云、私有云和混合云。对于2C端的互联网等应用，公有云具有部署快速、访问便捷、可靠性高等优点。对于企业生产现场的实时应用，私有云有实时性、安全性高等优点。综合公有云和私有云两种部署方式，并能做到公有云和私有云之间互联互通的云服务又称为混合云。

2. 物联网

物联网（IoT，Internet of Things），即"万物相连的互联网"，是在互联网基础上延伸和扩展的网络。物联网可以将各种信息传感器或互联设备与互联网连接起来，形成一个巨大的网络，实现在任何时间、任何地点，人、机、物的互联互通。

物联网是新一代信息技术的重要组成部分，是物理世界与数字世界相互融合的重要支撑，IT行业又将之称为泛互联，意思是物与物相连、万物万联。

"物联网是物与物相连的互联网"。这里面包含两层意思：其一，物联网的核心和基础仍然是互联网，是在互联网基础上延伸和扩展的网络；其二，其用户端延伸和扩展到了任何物品与物品之间，可以在它们之间进行信息交换和通信。因此，物联网是通过射频识别、红外感应器、全球定位系统、激光扫描器等信息传感设备，按照约定的协议，把任何物品与互联网相连接，进行信息交换和通信，以实现对物品的智能化识别、定位、跟踪、监控和管理的一种网络。

在应用的细分上，车联网、机联网、智能家居、智能穿戴设备，等等，都是物联网的分支。

3. 高级分析

高级分析（Advanced Analytic），是借助回归分析等统计学算法或数据模型，对业务数据进行加工和分析的技术。高级分析的初步发展是统计性分析（Statistical Analysis），它的高级发展是机器学习技术。

高级分析的主要场景有描述性分析、诊断性分析、预测性分析和规则性反应，这四种类型也构成了高级分析由简单到复杂的演进路径，如图4.8所示。

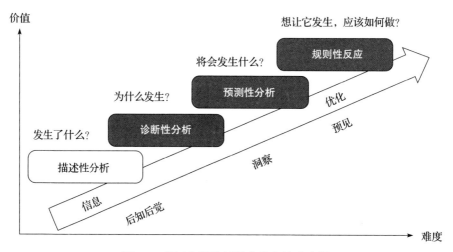

图 4.8　高级分析的场景分类和演进路径

描述性分析是最基本的数据分析技术，一般的统计分析报表大多是这种类型，它主要告诉企业过去某段时间发生了什么。典型的描述性分析，如直方图、散点图、趋势图、饼图、线性图、Top N 排名，等等。

诊断性分析则是在描述性分析的基础上进行了因果分析，可帮助企业找到问题的根源，让企业不仅知其然，还可以知其所以然。诊断性分析的背后要求先建立业务运行的因果关系模型。

在诊断性分析的基础上，再借助回归分析等数学模型，可以根据企业的历史表现对未来的表现进行预测，这就是预测性分析。应用回顾分析技术，企业可以开发出很多预测性分析应用场景，比如预测性质量管理、预测性设备维护、预测性风险管理，等等。

在预测性分析的基础上，根据预测提供多种可选的业务决策，并对每种业务决策的业务效果进行加权评估，就可以找出其中较为合理的业务决策，这就是规则性反应。到规则性反应阶段，企业的数据应用 PDCA 周期就可以实现从业务到数据，从数据到信息，从信息到知识，从知识到洞察，从洞察到决策，从决策到行动的闭环，IT 系统的运行就可以接近自主运行的程度。

4. 人工智能

人工智能（Artificial Intelligence），英文缩写为 AI。它是研究、开发用于模拟、延伸和扩展人的智能的理论、方法、技术及应用系统的一门新的技术科学。

人工智能是计算机科学的一个分支，它的目的是了解智能的实质，并生产出一种新的、能以与人类智能相似的方式做出反应的智能机器。人工智能领域的研究包括机器人、语者识别、图像识别、自然语言处理、专家系统，等等。

人工智能从诞生以来，理论和技术日益成熟，应用领域也不断扩大。可以设想，未来人工智能带来的科技产品，将会是人类智慧的"容器"。人工智能可以对人的意识、思维的信息处理过程进行模拟。人工智能虽然不是人的智能，但可以类似于人的智能，它可以像人那样思考，也可能在局部上超过单个人的智力水平。

目前，较为重要的人工智能核心技术可划分为：深度学习、计算机视觉、智能语音、自然语言处理、数据挖掘和芯片硬件等。

深度学习技术基于对神经网络算法的延伸，可以自动学习大数据中的特征信息，极大地简化了传统机器学习算法所需的特征工程。当前，在一些诸如物体、图像和语音等富媒体（Rich Media）的识别方面，深度学习算法都取得了非常好的效果。同时，结合深度学习与强化学习所形成的深度强化学习技术，更是能在空白状态下进行自主学习以实现具体应用。2017年10月发布的AlphaGoZero，正是对这一技术的典型应用。

计算机视觉技术包含图像识别、视频理解、增强现实（Augmented Reality，AR）、虚拟现实（Virtual Reality，VR）、混合现实（Mixed Reality，MR）等核心技术。其中，图像识别以对静态图像的分析和处理为主，发展较为成熟。视频理解则是随着近年来视频类信息进行大量出现而新兴的技术，用于对动态视频信息进行分析和处理。此外，结合图像分析技术和传感类技术，AR/VR/MR技术则可以在三维空间中生成虚拟的环境。目前计算机视觉技术在物体识别方面的能力已经超越人类，微软亚洲研究院在2015年的ImageNet大赛中已成功实现系统识别错误率低至3.57%的识别系统。同时在人脸识别、视频理解等方面，相关的技术也在快速发展，最新的苹果手机已经可以实现人脸解锁功能。

智能语音和自然语言处理两个技术方向互相配合得较为紧密，有的机构也将这两类技术统称为语音语义识别技术。目前结合这两类技术，已经能够实现人机间的多轮对话。但同时智能语音技术在方言、朗读语音、多通道语音理解、情感识别等方面仍存在一些技术难点，而自然语言处理技术则在理解和表示知识方面仍存在一些关键技术难点需要解决。微软、科大讯飞等公司的机器翻译解决方案就是人工智能技术在自然语言处理方面的应用。

数据挖掘技术，主要包括数据清理、数据转换、内容挖掘、模式评估和知识表示等多个数据分析过程。目前已有多种成熟的机器学习算法，可用于数据分析操作。但由于许多领域的数据收集困难、数据结构复杂，目前数据挖掘技术难点的主要技术难点和实施难点集中在对数据的收集和预处理方面。

芯片硬件是实现人工智能算法的物理基础，由于传统计算架构无法支撑人工智能算法的海量数据并行运算，因此性能和功耗都无法达到实际应用需求。2019年9月相继发布的华为昇腾和阿里含光，都属于该领域的芯片。

随着技术、算法的创新和突破，人工智能让诸多商业和生活场景变得更加智能和高效，并催生出了许多新的业态和商业模式。总体来看，人工智能在金融、零售、制造业、医疗、安防、交通等领域的渗透较早，对这些行业的数字化转型正产生深刻的影响和变革。

5. VR/AR/MR

VR/AR/MR不是现实，它们是应用数字化技术所呈现出来的、接近于现实的场景。

VR，虚拟现实，又称为灵境技术，是20世纪末期发展起来的一项全新的实用技术。虚拟现实技术将计算机、电子信息、仿真技术等融于一体。其基本实现方式是计算机模拟虚拟环境，从而给人以环境的沉浸感。随着社会生产力和科学技术的不断发展，各行各业对虚拟现实技术的需求日益旺盛。在技术上，虚拟现实技术也取得了巨大进步，并逐步成为一个新兴的科学技术领域。

AR，增强现实，是一种将虚拟信息与真实世界巧妙融合的技术。增强现实技术广泛运用了多媒体、三维建模、实时跟踪及注册、智能交互、传感或物联网等多种技术手段，将计算机生成的文字、图像、三维模型、音乐、视频等虚拟信息模拟仿真后，应用到真实世界中，通过两种信息互为补充，从而实现对真实世界的"增强"。

MR，混合现实，指的是结合真实和虚拟世界所创造出的、新的环境和可视化三维世界。在混合现实中，物理实体和数字对象共存并实时相互作用，以用来模拟真实物体，是虚拟现实技术的进一步发展。

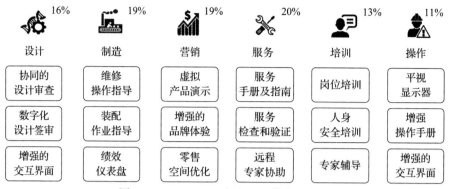

图 4.9 VR/AR/MR 在企业运营中的应用

在企业运营中，VR/AR/MR 可以找到广泛的应用场景，比如产品设计环节的协同设计审查、数字化设计签审；制造环节的装配作业或维修操作指导；营销环节的虚拟产品展示、增强的品牌体验或零售空间优化；服务环节的服务手册及指南、远程专家协助；人力资源方面的员工培训；等等。

6. 3D 打印

3D 打印，也有人称之为增材制造技术。两者的细微区别在于，3D 打印主要针对小批量或原型件生产，增材制造面向的则是批量制造生产环节。

3D 打印也是快速成型技术的一种，它是一种以数字模型文件（3D 数模）为基础，运用粉末状金属或塑料等可黏合材料，通过逐层打印的方式来构造物体的技术。

3D 打印通常是采用数字技术材料打印机来实现的。常在模具制造、工业设计等领域被用于制造模型，后逐渐用于一些产品的直接制造。当前，已经有部分行业或企业商业化使用这种技术打印而成的零部件。

3D 打印技术在珠宝、鞋类、工业设计、建筑、工程和施工（AEC）、汽车、航空航天、牙科和医疗产业、教育、地理信息系统、土木工程等领域都有广泛应用。

随着个体化定制或C2M（Customer to Manufacturer）生产模式的兴起，以及社会对资源可再生要求的加强，3D打印或增材制造技术的社会和经济意义将日益明显。

7. 机器人

机器人技术（Robotics），又称为机器人工程学，是与机器人设计、制造和应用相关的科学，主要研究机器人的控制与被处理物体之间的相互关系。

当前，全世界已有超千万台机器人在运行，机器人技术已形成一个很有发展前景的业务，机器人对国民经济和人们生活的各个方面已产生着重要影响。

在未来，随着老龄化社会的到来，机器人在社会和企业中的应用会日益普遍，并将因此诞生出一个新兴职业——机器人保姆，即专门为机器人提供维护保养。

8. 区块链

区块链（Blockchain），是分布式数据存储、点对点传输、共识机制、加密算法等计算机技术的新型应用模式。

区块链的代表性商业应用是比特币，前者本质上是一个去中心化的数据库，同时作为比特币的底层技术，是一串使用密码学方法相关联产生的数据块，每一个数据块中包含一批次比特币网络交易的信息，并验证其信息的有效性（防伪）和生成下一个区块。

不仅在金融领域，在供应链、售后服务、质量认证等领域，区块链都有非常广泛的应用。比如借助区块链技术，建立汽车售后备件的流通和质量保证网络，对于打击备件的假冒伪劣有非常好的支持作用。

9. 5G通信

相比较4G等传统的通信技术，5G通信具有超低延迟、高速下载、大规模连接、增强式移动带宽、高度移动下的高可靠、切片式网络架构等优点，可在 4K 高清投影、基于虚拟现实的远程教育、云端的实时操作、增强数字驾驶舱、沉浸式 AR/VR 游戏、智能家居、实时远程控制、工厂自动化、辅助驾驶或自动驾驶、智能电网、远程诊断、物流调度、智慧交通等场景中找到广泛的应用。根据爱立信于 2018 年 1 月所做的，一份涉及能源电力、制造、公共安全、健康等 10 个领域或行业的调查报告显示，3/4 的行业或企业希望借助 5G 技术来改进它们的产品或服务，并降低运营成本；73% 的受访者有明确的使用 5G 技术来获得先发优势的计划；70% 的受访者希望它们基于 5G 的用例能在 2021 之前投入商用；……

当然，上面列举的 9 类数字化技术只是当下数字化技术发展的缩影，其他如会话系统（Conversational System）、网格应用（Mesh APP）、智能空间（Smart Space）、量子计算（Quantum Computation）等数字化技术的快速发展和成熟应用，都将给社会和企业带来革命性的影响。

扩展阅读：Gartner 发布影响企业机构转型的五大新兴科技趋势

在全球领先的信息技术研究和顾问公司 Gartner 所发布的 2019 年新兴科技技术发展报告中，描绘了主要新兴科技技术的成熟度曲线，并指出了 29 项不容错过的技术，由此揭示了五大创造和实现全新体验的新兴科技趋势，如图 4.10 所示。这五大趋势使用人工智能等技术架构，使得企业机构能够充分发挥新兴数字生态系统的优势。

1. 传感与移动（Sensing and Mobility）

通过结合传感器技术与人工智能，可以让机器更好地理解周围的世界，使机器能够移动并操控物体。传感技术是物联网的核心组成部分，它能够采集大量数据。而人工智能可以提供适用于多种应用场景的业务洞察。

第四章 技术进步

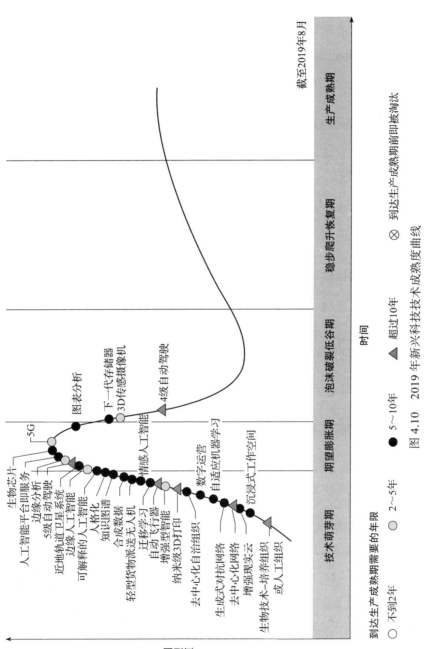

图 4.10 2019 年新兴科技技术成熟度曲线

2. 人体机能增进（Augmented Human）

人体机能增进能够增强人类认知能力和身体机能，并使这些增强的能力成为人体的一部分。一些装备能够为人类提供"超人"般的能力，例如超过人体自身最大力量的假肢等。

3. 后经典计算和通信（Postclassical Compute and Communication）

几十年来，经典核心计算、通信和集成技术的巨大进步主要依赖于传统架构的改进，例如摩尔定律中曾预测的更快的中央处理器、更高的存储密度和不断增加的吞吐量，等等。但未来的这些技术将采用全新的架构。这个领域不但会出现颠覆性的改进，还会出现可能产生巨大影响的渐进式改进。

4. 数字生态系统（Digital Ecosystem）

数字生态系统通过同一个数字平台，让相互关联的参与者（企业、人和物）实现互惠互利。数字化加快了传统价值链的解体，将带来更强大、更灵活、更具有弹性的价值传递网络，帮助企业在持续转型的过程中创造出更好的新产品或新服务。

5. 高级人工智能和分析（Advanced AI and Analytics）

高级分析使用精密的技术和工具对数据或内容进行自动或半自动式检验，而且通常超出传统商业智能的范围。

另外，Gartner 指出，企业还需跟踪以下技术的进展和应用：自适应机器学习、边缘人工智能、边缘分析（Edge Analytics）、可解释的人工智能（Explainable AI）、人工智能平台即服务（PaaS）、迁移学习（Transfer Learning）、生成式对抗网络（Generative Adversarial Network）和图表分析（Graph Analytic），等等。

第四节　数字化技术解决方案

云计算、互联网、物联网、高级分析、增强现实、人工智能等数字化技术的整合，构成了一种新型的数字化时代信息技术架构——工业互联网（Industrial Internet）。工业互联网已然成为社会和经济发展的新型赋能器。2018年7月，中国国家工业与信息化部印发了《工业互联网平台建设及推广指南》和《工业互联网平台评价方法》；2019年3月，"工业互联网"正式写入《2019年国务院政府工作报告》，成了国家的新型产业政策。

工业互联网的概念最早由通用电气于2012年提出，随后美国五家行业龙头企业联手组建了工业互联网联盟（IIC），将这一概念大力推广开来。除了通用电气这样的制造业巨头，加入该联盟的还有IBM、思科、英特尔和AT&T等IT企业。

工业互联网的本质和核心是，通过工业互联网平台把设备、生产线、工厂、供应商、产品和客户紧密地连接融合起来。工业互联网可以帮助制造业拉长产业链，形成跨设备、跨系统、跨厂区、跨地区的互联互通，从而提高运营效率，推动整个制造服务体系的智能化，还有利于推动制造业融通发展，实现制造业和服务业之间的跨越发展，使工业经济各种要素资源能够高效共享。

基于工业互联网的数字化技术架构，衍生了两种新型的数字化技术解决方案：数字主线（Digital Thread）和数字孪生（Digital Twin），以及基于这些技术解决方案的工业互联网思维。

1. 数字主线

在谈数字主线之前，让我们简单地回顾一下企业管理和信息化的历史。

自从 1776 年亚当·斯密在其著作《国富论》中提出专业分工的理论，专业化成了社会化大协作和生产效率提升的基本手段，但专业化带来的问题就是不同专业、不同岗位之间如何高效协同（Coordination and Collaboration）。

在生产一线作业领域，福特创造性地发明了流水线来实现操作工的协作，在采购、物流、人力等支持领域，企业则可以通过业务流程和 IT 系统来达成，ERP、MES、SCM、PLM 等 IT 系统本质上解决的是企业内不同团队和不同岗位之间相互协作的问题。非常遗憾的是，即使通过了几年甚至上十年的努力，即使实施了市面上各种流行的 IT 系统，企业内或企业间跨组织、跨职能、跨专业、跨岗位的协作问题并没有得到有效或完全的解决，这种现象尤其体现在端到端的产品研发、生产和运营等环节。为此，人们还开发了同步工程、面型制造的设计、6Sigma、集成产品开发（Integrated Product Development，IPD）、集成供应链（Integrated Supply Chain，ISC）等方法，但实际落地的效果却千差万别。随着环境和市场的变化，以及以下几个现象的出现，全生命周期的产品管理和协作问题的有效解决变得尤为突出和紧迫。

1）**产品的结构日益复杂**。在一些工业设备和耐用消费品领域，产品的构成不仅仅有机械部件，还有电子电气和软件系统，尤其是后者在产品中的占比越来越大，如图 4.11 所示。复杂的产品结构带来了开发、制造和维护等方面一系列的管理问题。

以汽车行业为例，汽车整车的研发工作涉及的软件和工具多达上百种。首先，机械、电子电气和软件等汽车部件分别有各自的 CAD 软件；其次，在工程分析中，结构分析、有限元分析、热力分析、平顺性分析等分别有各自的分析工具；再次，设计需求、竞品分析、会议纪要、测试报告等产品信息仍然以 Word、Excel、Powerpoint 等非结构化的形式大量存在。这些来自不同工具软件，以各种形式存在的结构化或非结构化数据，相互之间是天然的信息孤岛。如何将之整合，是每一个企业信息化建设中面临的严峻挑战。

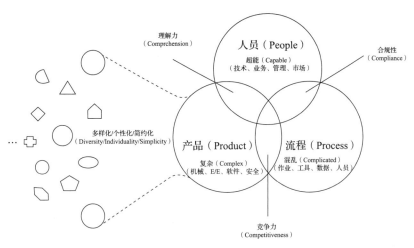

图 4.11　企业中产品的复杂度

2）**客户需求的碎片化和个性化生产**。从个性化制造（Make for Preference）到个体化制造（Make for Individual），订单批量日渐趋于 1，产品的配置和变种（Product Variant）呈指数级增加，变种的增加同样带来了上下游之间一系列的管理和协作问题。

3）**产品的生命周期日益缩短**。以汽车产品为例，在 20 世纪末，一个汽车新品的生命周期基本在 10 年以上，而现在则可能不到 3 年。为了保持产品在市场中的新颖性和竞争力，企业必须对其产品进行不断的改型开发和升级，而如何提高开发效率，如何降低开发成本，如何缩短新品上市周期等，同样需要端到端的流程中市场、开发、工程、制造、销售、服务等专业的高效协同。

4）**商品形态从"购买"（Buy）到"共享"（Share）的转变**。在以往，商品销售给客户后，企业与最终客户的接触基本完成；而在共享经济时代，以租代购的商业形态中，企业与客户的接触将贯穿产品从构思到报废（退役）的全生命周期。

在上述四种现象的影响下，已经不存在所谓的"交钥匙工程"，企业中市场、开发、工程、制造、销售、服务等部门的协作必须是实时、并行和高效的，信息交流必须兼具"后向"（Feedback）和"前向"（Feedforward）的双向反馈，这对信息共享提出了更高的要求。其中，最典型的业务场景就是对各种形式和用途的产品 BOM（Bill of Material，物料清单）的管理。针对不同的业务领域，有面向预研的原型 BOM，有面向设计的工程 EBOM，有面向过程的 PBOM，有面向制造的 MBOM，有面向服务的 SBOM，有面向 KD 业务的 KD-BOM，……这些不同形式的 BOM，其实都是不同业务场景中产品结构的变种。产品 BOM 是端到端产品开发、制造、交付和服务流程中跨专业协作的信息基础，也是制造企业信息化工作的重点和难点。很多企业在这方面投入了大量的人力、物力，投资甚至上亿元，尝试和开发了各种方法和 IT 系统，数字主线就是数字化时代下，面向全生命周期产品管理中业务协作和信息共享的产物。

因为结构的标准化和工具的商业化程度不高，业内对数字主线并没有一个统一的定义。一般认为，数字主线是一种全局性通信架构，将产品或资产全生命周期的各种信息整合在一起，为企业中不同角色的人，提供与产品有关的完整的、一致的、准确的信息。简单来说，就是将合适的信息，在合适的时间，提供给合适的人（Deliver the Right Information to the Right Person at the Right Time），这与时下热门的"数据中台"的概念颇为类似。只不过，数字主线是制造企业中的产品数据中台。

数字主线的说法首先来自于美国军工部门，业内一般认为它是一种信息交流框架或环境。通过它，企业可以实现产品全生命周期，从产品构思到概念、设计、工程、构建、运营，直至报废（退役）等各环节中互联的数据流和集成的产品视图，如图 4.12 所示。通过数字主线，企业可以消除与产品有关的信息孤岛，"将正确的信息，以正确的方式，推送到正确的地方。"数字主线的理论基础是 MBE（Model based Enterprise，基于模型的企业），而其技术支撑是工业互联网。

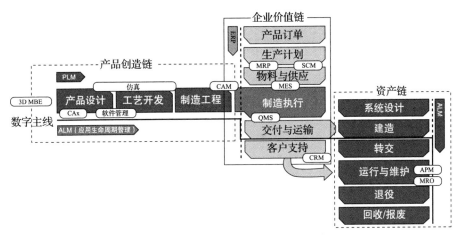

图 4.12 数字主线与产品生命周期

数字主线本质上还是一种信息架构和数据服务，它要在基于模型的系统工程（Model-Based System Engineering，MBSE）指导下，围绕产品的通用信息结构，面向市场、设计、工程、制造、服务、运营等各个业务领域的需求来构建，要涵盖产品或资产的整个生命周期。在表现形式上，可以这样比喻，市场、设计、工程、制造、服务、运营等领域的相关产品信息就像"信息湖"，而数字主线就是流经和贯穿这些"湖泊"的"信息河"。实际上，数字主线的英文"Digital Thread"中的"Thread"就有类似于"河流"或"江河"的意思。

MBE 是一种工程策略，其本质是以模型的思想，将产品的 3D 模型、产品制造信息（Product Manufacturing Information，PMI）、质量信息架构（Quality Information Framework，QIF）等集成在一起，从而形成公司级的产品信息结构和视图，为全公司提供一种完整、一致、实时、准确的产品信息库，以达成提高协作效率、降低管理成本、提高产品质量、缩短开发周期等目的。图 4.13 是 MBE 的框架示意图。

在 MBE 的思想指导下，有 MBD（Model-Based Definition，基于模型的定义）和 MBSE（Model-Based System Engineering，基于模型的系统工程），

前者指的是产品的 3D 模型，后者则常用于电子电气和软件结构的建模，其目的是建立一个横跨设计、工程、制造、服务等领域的企业级产品模型，以实现对产品完整、一致、准确的数字化诠释和安全可靠的全域访问。

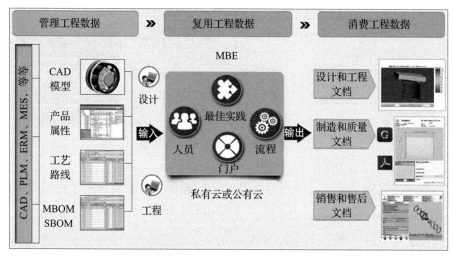

图 4.13　MBE 的框架示意

为了支持 MBE 架构思想的实现，很多企业投入了大量资源来开发相应的解决方案，而工业互联网技术的出现，让这种开发工作变得更可行、更高效、更简单。或者说，MBE 的工业互联网式实现就是数字主线。以 PTC 公司的工业互联网 PaaS 平台 ThingWorx 为例，通过连接、聚合、理解、展现等功能，可以实现全生命周期中产品、流程、系统、数据和人的融合。

在以 ThingWorx 为核心的工业互联网框架中，通过 Kepware 等工业数据采集中间件，可以采集设备、可穿戴装置、智慧互联产品或资产的参数和状态数据，通过 Orchestrate 服务可以与 ERP、MES、PLM 等应用系统进行对接，通过含有机器学习功能的分析模块对数据进行分析和理解，再通过 Composer 等建模平台对产品或资产等进行"物"化建模和 APP 化展现，实现上述数据的聚合以及人、数、物的融合，这是典型的数字主线实施路线图，如图 4.14 所示。

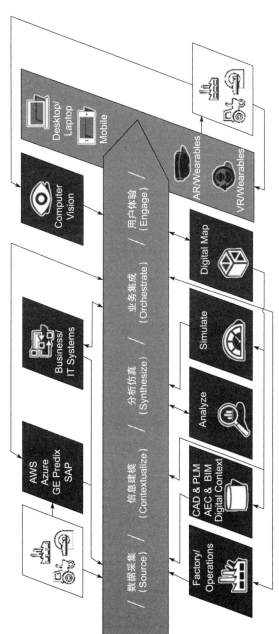

图 4.14　PTC ThingWorx 工业互联网平台

数字主线是工业互联网中最基础的信息交流框架，是利用数字化技术对 ERP、MES、PLM 等应用系统中业务数据的整合和升级，是数字孪生的前提和使能器，在工业互联网的商业应用场景中起着承上启下的作用。

从最终用户的视角来看，数字主线的性质与 ERP 软件类似，只是工业互联网大背景下的某类技术解决方案，其具体应用还要与业务场景相结合。根据笔者的经验和理解，全生命周期的产品结构管理和产品质量管理将会是数字主线的经典应用场景，尤其是后者，这是基于以下几个分析做出的推测：

1）产品质量管理是一个端到端、跨职能、跨组织的协作，需要全过程的信息高度共享做支撑。本质上讲，产品质量管理是产品研发管理的一个重要分支或有机组成部分，需要企业内部的设计、工程、制造、服务等部门，以及供应链中上下游企业之间的高效协作，这离不开端到端信息高度共享的支持。

2）产品质量管理是一个动态优化的过程，无论是从质量设计，到质量计划，到质量控制，再到质量改进，还是控制活动中全检、抽检、免检等之间的动态切换，都需要大量的数据做决策支持，最理想的情况是质量信息分析和质量改进能自动形成闭环。基于工业互联网平台的数字主线，可以通过物联网和系统集成技术来实现 OT 和 IT 的融合，可以通过机器学习来进行质量数据的理解和学习，并实现预测性质量管理和规则性质量改进。

3）产品质量管理是产业供应链级的系统工程，其 IT 支撑不可能通过某一个或几个 IT 应用系统来实现，而必须通过 IT 系统应用集群，或者更进一步说，需要具有高度扩展性、集成性、开放性的 IT 系统生态来实现，这种生态应该是功能上高内聚、架构上低耦合。基于工业互联网的数字主线，通过物联网的弹性连接、机器学习的模型理解和预测、工业大数据的动态优化，可以比较好地实现这种架构。

据调查，企业中数字主线的应用，对提高研发团队工作效率，提高工程、制造、服务等部门之间的同步工程和协作，改进产品质量，缩短新产品上市时间等方面具有直接的推动作用。知名咨询机构 LNS 的研究表明，数字主线可以提升新产品研发效率 20% 以上。

对于那些即将或正在进行服务型制造转型的制造企业来说，数字主线将扮演非常重要的角色（见图 4.15）。为了延长服务型产品的使用寿命，为客户提供更高效的运行支持服务，企业需要打通从设计到工程，到制造，到交付，再到运行的全生命周期中产品链和资产链的信息。

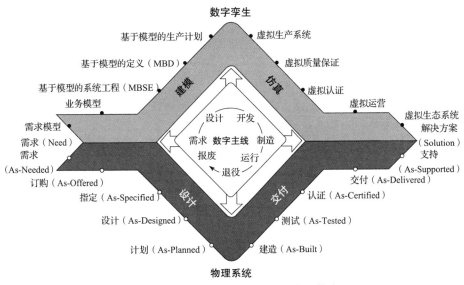

图 4.15　数字主线在企业中的角色和使命

另外，下文要讲到的数字孪生的开发也依赖于数字主线所提供的信息支持。随着物联网等工业互联网技术的普及，在产品开发的虚拟验证、生产系统的仿真优化、资产运行的实时监测与控制、设备的预测性维护等方面，数字孪生得到了广泛的应用，而这一切都离不开数字主线的支持。可以这样说，没有有效的数字主线，就不可能有有效的数字孪生。

相比较以流程驱动为主的企业信息化，通过基于数据和流程的协同来实现企业资源的高效率整合，回答的是"How"的问题，带给企业的是改良和渐进式增长；以数据驱动为主的工业互联网，以及在此基础上的数据主线和数字孪生，通过人工智能、机器学习和工业大数据的优化决策和选择，回答的是"Why，What，When，Who 和 When"的问题，带给企业的是革命和颠覆式创新。企业的工业互联网革命和创新旅程才刚刚开始，其中存在着很多不确定性，包括目标的不确定、方法的不确定、路径的不确定、结果的不确定，等等，这需要广大从业者在实践中不断尝试、摸索、总结和完善。

2. 数字孪生

在谈"数字孪生"之前，让我们先认识一个数字化时代下的新物种——智能互联产品（Smart Connected Products，SCP）。当然，这里讲的"产品"是泛指，在实际场景中，它可能是设备（Device），可能是资产（Asset），也可能是系统（System），总之，是现实中一个个具有一定物理独立性的存在，智能手机就是一种典型的 SCP。

SCP 有两种典型的能力：智能（Smart）和互联（Connected）。所谓的"智能"，是这种产品有内置的软件（Embedded Software），可以实现诸如环境感知、数据采集、数据运算、UI 展示、人机交互等功能。所谓"互联"，是这种产品含有通信模块，可以实现产品与产品、产品的边缘端与云端之间的通信，进而通过"互联"功能，获得云端所提供的更多的软件服务，并能够进行在线的更新或升级（Renew or Upgrade）。SCP 的组成框架如图 4.16 所示。读者通过对智能手机的理解和联想，应该能够对 SCP 有进一步的了解。

随着传感器、信息通信技术（Information and Communication Technology，ICT），尤其是云计算和物联网技术的发展，似乎一切产品皆可成为智能互联产品，比如智能互联汽车、智能互联冰箱、智能互联电视，等等。小米公司就是在其产品中内置了物联网技术，并推出一系列 SCP 式风扇、SCP 式净水器……从而迎来了近几年在家电领域的快速发展。

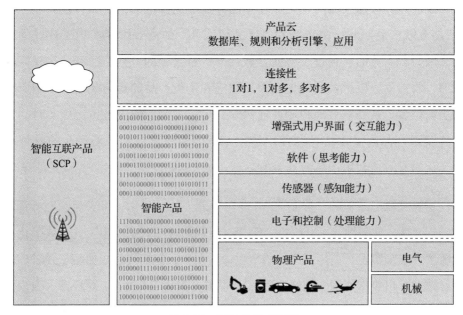

图 4.16　SCP 的组成框架

与智能互联产品形态交叉发展的是"产品即服务"（Product as a Service，PaaS），又称为服务型制造，这尤其表现在工业设备产品和耐用消费品等领域。以往，客户是通过"购买"（Buy）的方式来获得某件商品的使用权，因而，初期资本支出大，进入门槛高；如今，客户可以通过"租赁"（Lease）或"共享"（Share）的方式获得商品的使用权，所以，初期资本支出小，进入门槛低，很好地助力了"全民创业，万众创新"工作的推进。

"产品即服务"的商业模式解决了客户（使用者）在大资金的融资或筹措等方面的问题，也能够消化产品制造商的闲置产能，帮助制造商实现均衡化生产，从而供需双方各得其益，着实是一种重大的商业模式创新，故此，在近几年得到了快速推广。"产品即服务"的商业模式，其主要缺点是资产的所有者和使用者相互分离，作为所有者的制造商需要承担较大的风险。为了控制风险，制造商需要用某种手段去监控和跟踪商品的运行状态和历史轨迹。

云计算、移动互联网、工业互联网等数字化技术的出现和日益成熟，让"智能互联产品"的产品形态和"产品即服务"的商业模式实现了较好的融合。因为，一方面，通过"智能互联产品"所携带的"智能"和"互联"的能力，制造商可以远程实时地监控、跟踪和定位产品的运行状态、使用历史和当前位置，从而有效地控制商业风险；另一方面，使用者也可以实时、直观地获取产品的操作指导和使用建议，不间断地升级和扩展产品的软件功能，从而有效地利用产品为其服务。

智能互联产品中的"智能""互联"等能力的具象化、可实现性、可管理性、安全性、便利性、可获得性，等等，可以通过"数字孪生"这一数字化技术解决方案来实现。在传统产品的全生命周期中，包括构思、原型、开发、工程、建造、出售、使用、维修（更新）、报废、淘汰（或退役）等环节，因为商业和技术等原因，一经出售，产品的所有权和使用权就转移到客户手中，除了担保、维修等少数环节，制造商基本不与客户或产品发生很多的联系。而"产品即服务"业态中的"智能互联产品"则不同，制造商需要参与产品的全生命周期；在个性化定制的运营模式中，客户还将参与产品从构思到退役的全生命周期。这两者都需要有一个更好的"人机界面"与"智能互联产品"发生各种联系和互动，"数字孪生"就是为了满足这种"人机界面"而开发出来的。

数字孪生是建立在数字化基础上，对物理世界的数字化模型表达，是物（物理世界）、数（数字世界）和人（组织和人员）三者的高度融合。在企业实践中，物理世界可以是产品、过程、系统、员工、工厂，乃至整个企业。

"数字孪生"与"智能互联产品"之间的"翻译器"就是工业互联网中的"物"。以 PTC ThingWorx 平台为例，利用工业互联网平台的建模技术，通过"物"的属性来模型化智能互联产品实体的参数和状态数据，进而监测智能互联产品的运行状态；通过"物"的服务、事件或订阅等方法来模型化不同智能互联产品、智能互联产品与人之间的交互和协作等作业，进而对智能互联产品进行远程控制和优化。从这个角度来看，"数字孪生"就是工业互联网等技术浪潮下的数字化解决方案，它的管理对象是智能互联网产品，进而可以赋能于"产品即服务"，或者说"服务型制造"等企业数字化商业模式的发展和深化。

实际上，应用 IT 技术对物理世界进行建模和映射，一直是信息化工作的主要内容。比如，ERP 系统是从财务业务一体化的角度对企业运营进行映射，SCM 系统是从供需动态平衡的角度对供应链进行映射，MES 系统是从产品需求与资源转化的角度对工厂和车间进行映射，等等。与前者所不同的是，数字孪生式映射，一是基于对象（Object-Based），二是实时模拟（Real-Time）。

物理世界、数字模型和连接数据是数字孪生的主要构成，其中的连接数据，包括自物理世界到数字模型的运行洞察，以及自数字模型到物理世界的行动指令。如图 4.17 所示，通过物联网技术，数字孪生获得物理世界运行状态的实时数据，并通过高级数据分析和机器学习等技术进行理解并形成业务洞察；在此基础上，还可以做相关的业务模拟或预测，形成下一步业务建议、决策和行动，并以指令形式下发给物理世界。

作为工业互联网时代的数字化技术解决方案，与 ERP、MES 等传统 IT 系统相比较，数字孪生具有架构灵活、面向决策和高度融合等特性。

（1）灵活架构

在架构搭建上，数字孪生的架构是低耦合、分布式架构，因而，在快速变化的企业环境中有很强的适应性，如图 4.18 所示。在这一点上，数字孪生要比 ERP、MES 等传统 IT 系统灵活得多，后者通常在相对稳态、规范的企业环境下才能应用好。

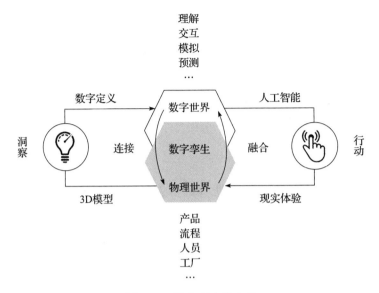

图 4.17 数字孪生的定义

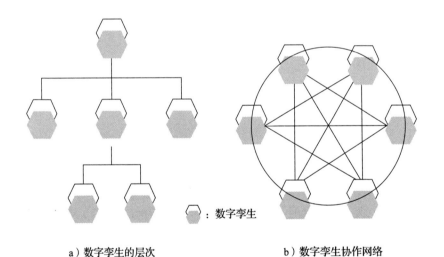

a）数字孪生的层次　　　　　b）数字孪生协作网络

图 4.18 数字孪生的架构

纵向看，数字孪生之间可以形成上下级的层次关系，一台设备可以开发其数字孪生，多台设备所组成的生产线可以开发其数字孪生，多条生产线所组成的车间可以开发其数字孪生，多个车间所组成的工厂可以开发其数字孪生，多个工厂所组成的企业可以开发其数字孪生，……而且，这种层次关系的调整是非常灵活的。

横向看，数字孪生之间也可以组成双向交流的网络。在这种网络中，设备、IT系统、过程、工件、产品、人员等的数字孪生之间可以通过各自的代理进行沟通和协作。从这个意义来说，所谓的工业互联网，就是基于物理世界的数字孪生的联网，工业互联网的每一个节点就是各种数字孪生。

（2）面向决策

ERP、MES等IT系统是面向业务执行和交易处理（Business Running and Transaction Processing Oriented）的IT解决方案，着重关注的是"How"；数字孪生则是面向业务优化和决策（Business Optimization and Decision Making Oriented）的IT解决方案，着重关注的是"Why"，可视化、透明化、仿真、模拟、优化和预测功能，本质上都是为了运营决策。

ERP、MES等IT系统的运行是建立在业务记录（Record）和关系型数据库等技术基础上的，它们所能生成的各种业务报表也依赖于此。数字孪生的运行是建立在"物"和物联网等技术基础上的，而"物"类似于"面向对象编程"建模思想中的"对象"。

从功能特点来看，ERP、MES等IT系统与数字孪生不应是相互替代更应是相互补充的关系。在数字孪生的语境中，ERP、MES等IT系统也可作为一个"物"，并可为之建立相应的数字孪生。具体来说，ERP、MES等IT系统在交易处理上功能更强，数字孪生则在实时的数据分析、可视化、透明化、业务优化和决策上表现得更好。

（3）高度融合

通过数字孪生的应用，企业不仅可以实现运营技术和信息技术的高度融合，还可以实现物（物理世界）、数（数字世界）和人（组织和员工）的高度融合，如图4.20所示。

图 4.19　数字孪生的技术生态和功能特性

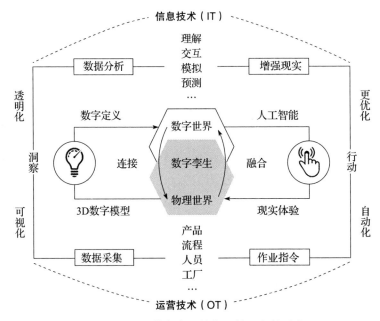

图 4.20　基于数字孪生的物、数、人的融合

如果说工业互联网是个"大宇宙",在其中,数字孪生就是形式和角色各异的"小宇宙"。

一方面,从物理世界的运行到数字世界的洞察,在洞察基础上做模拟和预测,并形成业务优化建议、决策和行动,再从数字世界的指令返回到物理世界的调整,其中的核心支撑就是数字孪生。

另一方面,针对业务场景、人员岗位和角色的不同,数字孪生的关注焦点也可不同。举例来说,针对同一条产线,工程技术人员关注的是生产线的可制造性,生产运营人员关注的是生产线的运行效率,现场作业人员关注的是工作环境的安全。企业可以根据不同人员的诉求,针对同一生产线开发出不同形式的数字孪生或视图。

就这样,物理世界的实时互联,数字世界的洞察和决策,以及基于人员和角色的主题设定,共同体现到数字孪生的开发和应用中。在这里,物、数、人得以相会和融合。

可能有读者要问,"数字孪生"与信息化时代的 ERP、CRM、MES 等 IT 解决方案有什么根本不同呢?笔者认为,它们各自的出发点、管理对象和技术支撑等有所不同,但在帮助企业发展和业务赋能等方面有交叉和互补,见表 4.1。

表 4.1 ERP/CRM/MES 等 IT 系统与"数字孪生"的比较

	ERP/CRM/MES 等	数字孪生
管理对象	交易、流程或关系	智能互联产品(SCP)
组织维度	公司 / 部门 / 工厂 / ……	产业链
空间维度	横向	纵向
时间维度	端到端	全生命周期
技术支撑	三层架构 / 关系型数据库	云计算 / 工业互联网
企业赋能	企业的整合能力	企业的连接能力

首先，管理的对象不同。ERP、CRM、MES 等 IT 系统管理的是企业中的流程和交易，管理的是"关系"；而"数字孪生"管理的对象则是产业链中的产品、设备或资产之类，物理上具有一定独立性的智能互联产品。在这一点上，"数字孪生"与 PLM 的"血缘"关系更近一下。

其次，组织的维度不同。ERP、CRM、MES 等 IT 系统主要从内而外来看，更多关注的是企业内部运营的效率和效益；而"数字孪生"则是从用户（使用者）和市场出发，涵盖了智能互联产品的全生命周期，横跨了整个产业链，尤其是产品交付到使用者手中之后的使用、维护等环节。

再次，时空的维度不同。ERP、CRM、MES 等 IT 系统关注的是流程或交易的横向以及端到端，而"数字孪生"则关注的是智能互联产品的纵向和全生命周期。

再次，支撑的技术不同。ERP、CRM、MES 等 IT 系统是根据 ISA95 的体系标准，建立在三层架构（展现层/应用层/数据库层）和关系型数据库等 IT 基础上；而"数字孪生"则利用的是物联网、机器学习、云计算等工业互联网技术。

最后，赋能的能力不同。ERP、CRM、MES 等 IT 系统和"数字孪生"等数字化解决方案都能对企业的发展进行赋能，ERP 等赋能的是企业的资源整合能力，"数字孪生"赋能的是企业对资源、市场和用户的连接能力，而只有在实现高效整合和实时连接的基础上，企业才有可能更好地进行创新活动。

虽然有以上的各种不同，"数字孪生"数字化解决方案和 ERP、CRM、MES 等 IT 系统一样，都是服务于企业的发展和业务价值的实现。在完成这些使命的过程中，"数字孪生"和 ERP、CRM、MES 等 IT 系统有着交叉和互补的关系。从某种意义上来说，ERP、CRM、MES 等 IT 系统其实也是对现实世界的一种映射或模拟，ERP 映射的对象是法人公司，CRM 映射的对象是客户关系网络，MES 映射的对象是车间或生产线，等等。进一步说，如果利用工业互联网技术，给 ERP、CRM、MES 等 IT 系统装上"互联"的"翅膀"，得到互联型 ERP（Connected ERP）、互联型 CRM（Connected CRM）、互联型 MES（Connected MES）、互联型 PLM（Connected PLM）、互联型 SCM（Connected SCM），等等，那它们其实也是某种形式的"数字孪生"。

其实，我们不要把"数字孪生"神秘化，它本质上还是一种 IT 解决方案，不过是基于工业互联网技术上的数字化解决方案。在建模思想上，它采用的是基于物联网的建模（Thing-based Modelling）；在具体表现形式上，它也是一种"人机交互界面"，例如，可能是工业 APP，也可能是一个桌面应用，举例如图 4.21。只不过，相比较 ERP、CRM、MES 等传统的 IT 应用，"数字孪生"可以充分利用物联网、机器学习、人工智能、云计算、增强现实等数字化技术，进而实现实时、自主、智能式运行，这更贴近笔者所倡导的 IT 之"道"的愿景。

图 4.21　Borsch 工业设备的"数字孪生"用户界面

有了"数字孪生"技术，制造商或使用者就可以对各种智能互联产品进行实时监测、远程控制、远程诊断、作业指导、运营仿真、在线升级、效率分析和改进，并可与企业的电子商务平台进行对接，从而嫁接更多的增值服务。"数字孪生"对产业的影响是革命性的，工业设备制造企业和耐用消费品企业的从业者们，尤其要关注并尽早应用好这类技术。

如果说流程的信息化是 ERP、MES 等 IT 建设的标志和主要内容，那么，企业中业务对象（产品、过程、工厂、人员，等等）和生产系统的数字孪生化就是工业互联网建设的标志和主要内容。通过数字孪生的应用，企业可以对业务对象和生产系统进行实时的监测、分析、可视化、透明化和更优化，并对未来运营进行预测和针对性调整。有了数字孪生的技术支持，企业不仅可以为市场提供智能互联产品，以实现服务型制造转型；更可以建设智能互联企业和生态（Smart Connected Enterprise and Ecosystem，SCEE），以实现协同、精益、柔性、自主的智能化转型。

3. 工业互联网思维

物联网、云计算、高级分析、人工智能等工业领域的技术，以及基于它们的数字主线和数字孪生等数字化解决方案所形成的技术栈和组合关系，应用到工业领域后，可形成工业互联网。

相比较传统的 IT 技术，工业互联网具有以下几个优点：

1）业务和数据处理的实时管理。ERP、PLM、CRM 等 IT 系统都是面向记录的系统，它们记录业务的处理结果并进行共享，对于实际业务中的问题是后知后觉的。工业互联网平台通过与资源、资产、设备、流程、工具、系统、产品、人员等"物"建立实时连接，可以实时地了解业务的执行情况，并通过机器学习等人工智能技术的应用，对业务数据进行理解和学习，进而对业务异常进行预警，对业务结果进行预测，甚至执行规则学习和场景化自主决策。

2）在工业互联网平台中，物与物之间是连接关系。相比较系统集成，连接是一种松耦合式关系，可以实现灵活的连接和再组合，既避免了数据孤岛，又能规避集成式能力僵化。如果在连接关系上再结合大数据技术的应用，通过算法来指导系统配置和连接关系的建立，企业IT系统可以实现某种程度的自组织和自计划。

3）工业互联网是数、物、人高度融合的系统。相比较数据孤岛或信息饱和，工业互联网平台通过"数字孪生"来实现业务仿真，通过增强现实和基于角色的工业APP来提供人机界面，其数据展现的方式更直观、更完整，用户甚至可以"零学习"来掌握和使用IT系统，真正做到"系统为人"，而不是"人为系统"的数、物、人的融合。

要想掌握和实践好工业互联网技术，就必须对它的工作范式和思维特点予以详细了解。在笔者看来，如果有所谓的工业互联网思维，那就是工业互联网中"连－聚－融－优－自"的工作范式，如图4.22所示。其中，数字孪生起到了核心的承载作用。

所谓"连"，就是通过物联网来连接一切，即连接资源，连接设备，连接流程，连接工具，连接系统，连接工件，连接产品，连接人员，连接一切可以连接的东西。只有先实现了连接，才有可能采集到实时数据，或实现远程监测和控制。

所谓"聚"，就是通过云计算、大数据、数字主线和"物"的建模来聚合所采集到的各种数据。通过数据聚合，细沙可成高塔，涓流汇成江河。工业互联网的"聚"，也是根据业务场景的需求，将资源、设备、流程、工具等不同业务对象或系统的数据聚合成数据立方体，以支持各种形式的深度分析和仿真模拟。

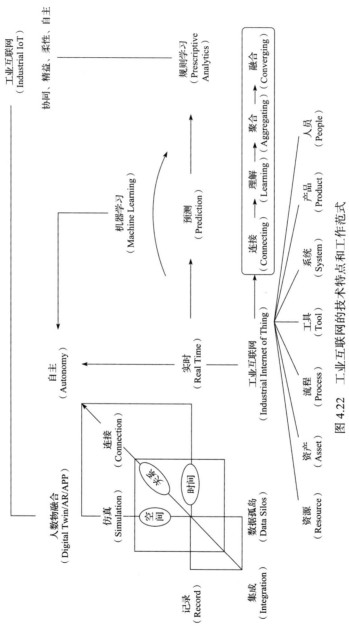

图 4.22 工业互联网的技术特点和工作范式

所谓"融"，就是通过数字孪生的应用，来进行运营技术和信息技术以及物理世界、数字世界和人员等的高度融合，以实现企业中的纵向集成和 PDCA 的运营闭环。

所谓"优"，就是通过数字孪生来展现数据，进行数据的分析、可视化和透明化，并在此基础上做进一步的仿真、模拟和优化，对业务的下一步发展进行预测，找到瓶颈并消除瓶颈，从而实现业务运营的持续优化。

所谓"自"，就是在前四个阶段的基础上，进一步应用机器学习等人工智能技术，从预测性业务洞察到规则性应对，以实现生产运营 PDCA 全过程的自计划、自组织和自决策，真正实现生产系统的自主管理，将人从低价值、重复式、高强度的日常性工作中解放出来，让人有更多的时间去做情感交流型、非规则型或创新性的工作。

案例分析：Volvo 集团数字主线的建设实践

Volvo 集团是全球领先的卡车、客车、建筑设备和工业发动机制造商之一。这家全球企业拥有约 10 万名员工并在 18 个国家/地区运营生产设施，它对供应链优化有着严格的要求并对运营效率有不懈的追求。为适应定制配置和不断变化的客户要求，灵活性和敏捷性成为越来越重要的制造宗旨。

Volvo 凭借其车辆在质量和工程卓越性方面的战略优势而倍感自豪。在当今瞬息万变的市场中，定制已成为一种新的常态。随着产品复杂性和特定配置在数量及变化率上的增加，这带来了新的质量保证挑战，即如何建立和维护一致的数据流和系统连接，以便跨价值链提升操作效率。

Volvo 选择利用 PTC 公司的 ThingWorx 工业互联网平台（IIoT）、Windchill 产品生命周期管理系统、Vuforia 企业增强现实套件等软件，创建和扩展了数字主线的端到端解决方案，以集成相关信息，并实现实时数据同步。

基于数字主线的双向数据共享有助于实时分析风险与产品缺陷，可进一步提高 Volvo 的产品质量和产量。通过建立数字主线而创建的反馈回路提供了及时的操作见解，并能够捕捉重要反馈，以改进未来的发动机设计，并进一步使 Volvo 在产品质量和工程卓越性方面独树一帜。

Chapter 5 | 第五章

核心能力提升

> 每个组织的核心竞争力都不一样,但有一项核心竞争力是任何组织都不可缺少的,那就是创新。
>
> ——彼得·德鲁克《21世纪的管理挑战》

有人曾经做过一个分析,将2008年和2018年全球最大(按市场估值)的Top10公司进行对比,发现只有一家公司——微软,同时出现在2008和2018年的Top10中,如图5.1所示。换句话说,在过去的10年间,很多大公司曾经的光环褪去,很多新兴的行业巨头兴起。尤其值得注意的是,2018年Top10中,软件及互联网企业占了7席;相比较,2008年的Top10中,软件及高科技企业只占2席。那么,是什么力量让软件及互联网企业快速崛起,让它们在短短10年内超过了那些发展了几十年甚至上百年的资源型及金融企业呢?

近年来,还有一个经济现象值得关注,那就是一大批"独角兽"(Unicorn)企业的出现。所谓"独角兽"企业,指的是那些创立时间很短,但估值非常大，一般超过 10 亿美元的企业。现在以国内的滴滴出行的成长为例，来看看"独角兽"企业的发展特点。

2018				2008			
Rank	Company	Founded	USbn	Rank	Company	Founded	USbn
1.	Apple	1976	890	1.	PetroChina	1999	728
2.	Google	1998	768	2.	Exxon	1870	492
3.	Microsoft	1975	680	3.	General Electric	1892	358
4.	Amazon	1994	592	4.	China Mobile	1997	344
5.	Facebook	2004	545	5.	ICBC（China）	1984	336
6.	Tencent（China）	1998	526	6.	Gazprom（Russia）	1989	332
7.	Berkshire	1955	496	7.	Microsoft	1975	313
8.	Alibaba（China）	1999	488	8.	Royal Dutch Shell	1907	266
9.	J&J	1886	380	9.	Sinopec（China）	2000	257
10.	JP Morgan	1871	375	10.	AT&T	1885	238

Source：Bloomberg,Google

图 5.1　2008 年与 2018 年全球市值 Top10 公司对比

滴滴出行的前身——小桔科技，成立于 2012 年 7 月，成立当年，推出了嘀嘀打车 APP，为用户提供出租车在线叫车服务。

2015 年 2 月，滴滴打车和快的打车成功进行战略合并，组成了现在的滴滴出行。

2016 年 1 月，滴滴宣布 2015 年完成订单 14.3 亿，并成为仅次于淘宝的全球第二大在线交易平台。

2016 年 8 月，滴滴收购优步中国，并因对可持续发展和节能的贡献而入选《财富》杂志评选的"改变世界的 50 强"。

2017 年 12 月，完成 74.3 亿次出行服务，获得 2017 全球最具创新力公司（中国榜）、"全球五大最佳创业企业"等荣誉。

2018 年 12 月，在中间机构发布的互联网公司估值排名中，估值为 560

亿美元，折合人民币约 3800 亿。

在短短不到 8 年的时间，滴滴出行的公司估值达到 3800 亿元，超过《财富》评选的世界 500 强企业中国神华（成立于 2004 年）的 3500 亿元、上汽集团（成立于 1958 年）的 3110 亿元和中国电信（成立于 2000 年）的 2800 亿元。

"独角兽"企业的这种现象，显然与过去的传统式经济发展规律不相符。按理说，企业的成长由小到大，并成为行业龙头企业，一般要经历十几年，甚至几十年的发展和蓄势过程。那么，又是什么力量促进这些"独角兽"企业快速发展壮大的呢？

按笔者的理解，互联网和"独角兽"等类型的企业之所以能快速发展和壮大，是因为它们充分利用了数字化技术为它们的核心能力进行赋能，这些能力包括连接能力、创新能力和整合能力。

第一节　连接能力

阿里巴巴集团学术委员会主席曾鸣先生在其著作《智能商业》中，将"联""互""网"三个字概括为互联网的本质。"联"是联结，就是把人通过互联网联结起来。"互"是互动，是互联网中海量（几亿、十几亿或几十亿）的人之间的双向交流。"网"是结网，是互联网中的人形成网络关系和生活形态。按笔者的理解，"联"也好，"互"也好，"网"也好，本质上就是连接，企业通过"连接"与上游资源和下游市场建立联系，发生作用。只不过，数字化时代中，不仅有互联网，还有物联网，联的不仅有人，还有资源、产品、设备、环境，等等，而且是万物皆可联。

连接能力决定了企业能够掌握的资源数量和质量。连接能力越强，企业所能掌握的资源就越多，就可以在更多的资源选项中寻求优质资源。连接能力越强，企业掌握资源的程度就越深，从而可以对资源进行精细化整合和利用。

连接能力决定了企业所能触达到的市场的广度和深度。连接能力越强，企业的营销渠道就可以更加多样化（Omni-Channel，全渠道），企业就能为更多的客户提供产品或服务，获得的市场机会就越多，占据的市场容量就可能越大。连接能力越强，企业就能为客户提供更加多样化的服务，在基础产品或服务的基础上进行增值、增值，再增值。

传统企业的连接能力主要是通过买卖合同、雇佣合同等契约和分销渠道形式来实现的，连接的资源数量和质量有限，建立连接所需花费的时间也较长，能够触达的顾客数量也有限。汽车行业经过120多年的发展，市场总规模还不到10亿，微信从诞生到服务于超10亿用户的时间则不超过10年。

类似于淘宝、京东、滴滴这样的企业之所以称为平台企业，就是因为它们的连接能力超强，从而可以快速获得更多的资源、触达更多的用户。

在数字化时代，通过互联网和物联网等数字化技术的应用，企业的连接能力可以实现指数级增强。所谓的"独角兽"企业，就是因为借助了现代信息技术，构建了可以连接资源和客户的强大连接能力，在短短数年内，指数级地实现市场占有率或营业收入的增长，变成了一个个"巨型婴儿"。如果说这些企业有成功秘诀，成功秘诀不仅仅是企业家的超凡智慧或能力，也不仅仅是处在了风口上，更主要的是利用信息技术快速建立了自己的连接能力。

企业的连接能力包括企业与市场和客户，企业与上游合作伙伴，企业与资金，企业内员工、资产、流程之间，等等的双向沟通和协作。连接不仅仅是"握手"，还需要具备相应的"认知"。

在行业及企业生态中，数字化技术赋能企业连接能力的提升（见图5.2）主要表现在三个方面：通过互联网（包括Web和移动互联网）、智能互联产品、客户关系管理系统（Customer Relationship Management，CRM），等等，帮助企业更快、更广、更深、更直接地连接市场和用户，相关网络称为消费互联网；通过供应链管理（Supply Chain Management，SCM）、供应商管理（Supplier Relationship Management，SRM）、电子数据交换（Electronic Data Interchange，EDI）等IT系统和物联网，等等，帮助企业更好地进行供应网络协同，相关网络称为产业互联网；通过企业资源计划系统（Enterprise Resource Planning，ERP）、制造运营管理系统（Management Operation Management，MOM）等IT系统和物联网、人工智能、虚拟现实、增强现实，等等，帮助企业实现企业内部人、机、料、法、环、测等生产要素的互联互通和深度融合，相关网络称为工业互联网（Industrial Internet）或信息物理生产网络（Cyber-Physical Production System，CPPS）。

102　重塑：数字化转型范式

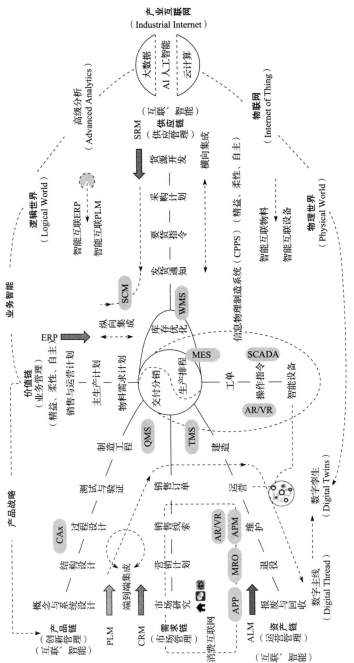

图 5.2　数字化技术赋能企业连接能力的提升

在连接市场和用户方面，企业官方网站、网上商城、微信订阅号或服务号、微信小程序、产品或服务 APP 等社交媒体或互联网应用在企业中的使用已非常普遍，可以帮助企业实现全渠道触达市场和用户，与用户进行实时互动和交流。智能互联产品（Smart Connected Product，SCP）的出现，为企业与用户之间的接触和互动提供了一种全新的形式和渠道。智能互联产品本身由物理部件、智能部件和连接部件组成，具备感知和思考能力，还可以通过其连接能力与云端的企业或第三方进行实时的信息交流。可以说，智能互联产品将在企业与用户之间搭起一架更实时、更便捷的"桥梁"，是企业连接市场和用户的方式上的革命。

企业也可以借助数字化技术来构建企业和行业的供应网络与服务生态。当前，没有任何一家企业可以包打天下，协同、共生、共赢已经是行业生态发展的必然趋势，数字化技术可以将行业生态圈的合作伙伴连接在一起，大家信息共享、高效协同，为市场和用户提供多样化产品或服务。以支付宝为例，支付宝已不仅仅是一个支付平台，它还是一个生活服务的聚合平台，将理财保险、交通出行、网上购物、餐饮娱乐、城市服务、公益健康等服务商连接在一起，形成了一个覆盖日常生活方方面面的生活服务生态。

以物联网、人工智能、云计算、高级分析等技术为支撑的工业互联网或信息物理生产网络是制造企业内部生产要素之间相互连接的新形态。信息物理生产网络可以将企业中的虚拟世界和物理世界连接起来，实现信息技术（Information Technology，IT）和运营技术（Operation Technology，OT）的高度融合，有助于将信息化与工业化的两化融合推向一个新的高度。

在数字化时代，万物皆可联，万物应互联，万物必互联。因互联而建立的连接能力是企业发展的基础能力。

案例分析：吉利汽车

随着智能化、网联化等数字化技术与汽车产品的深度融合，汽车正在从传统的代步工具逐步转变为新型的智能出行载体和智能互联终端。尤其是车联网技术在国内的高速发展，影响并将重塑用户在汽车出行上的用户体验，车联网也成了汽车企业未来布局的必然趋势。

作为自主品牌的领先车企，吉利汽车积极布局智能出行，将互联网力量及周边生态纳入自己的生态圈，站在了智能网联汽车的潮头。2018年3月，吉利汽车就推出了GKUI吉客智能生态系统（见图5.3）。发布至今，GKUI的累计总用户数已超过100万，月活跃用户超70万，并成功搭载于博越、缤越、缤瑞、嘉际、博瑞GE、帝豪GL、帝豪GS、领克等多款车型之上，受到了车主用户的普遍赞誉。

图5.3　吉利汽车GKUI生态圈

吉利汽车GKUI吉客智能生态系统连接和集成了高德地图、百度、美团外卖、喜马拉雅、云知声、科大讯飞、NUANCE、Qualcomm、京鱼座、360等合作伙伴的产品和服务，让汽车实现一体化、智能化、个性化、人性化、沉浸式的感官体验，并通过构建车内信息和服务生态体系，为车主用户提供创新与极致的用户体验，有可能成为汽车界的"支付宝"。

第二节　整合能力

企业完成了对资源、市场等的连接以后,还要通过有机整合,让资源为产品或服务的创新、交付等过程所用,将资源高效地转化为低成本、高质量的产品或服务。

因为有整合能力的高低,所以有粗放式管理和精细化管理的分野。

当前,中国的有些制造企业经营效益差,部分原因是市场萎缩或产品不对路,还有很大一部分原因是企业的整合能力差。

中国改革开放以来,消费需求快速释放,只要产品制造出来了基本就有人要,导致有的企业养成了"赚快钱"的坏习惯,日常经营中粗放式管理,单位产出的能耗大,成本高,环境污染严重。近几年来,随着国家对生态环保的重视和对环境污染的大力惩处,以及市场日趋饱和和同质化竞争,很多企业感觉日子不好过了,这本质上还是企业的整合能力差。

企业的整合能力强,就可以实现高质量、低消耗的资源转化和顾客触达,从而实现企业运营的高效益。有了高的转化效率,企业就可以实现产品和服务的高质低价。所谓一分钱一分货的消费误导,不是钱太多,而是脑力不够算。如果企业的整合能力强,资源转化为产品或服务的效率高,为客户提供低价高质的产品或服务就完全有可能。

企业的整合能力,就是"得一",也可引申为一致性(Consistency),包括产品功能与客户需求的一致性,不同批次零部件或产品中关键质量特性的一致性,等等;还代表了企业内部及产业链价值网络中的协同性、协调性、全局性、整体性，等等。用产品研发和数字化的术语来讲，企业的整合能力就是同步工程和集成能力，也就是工业4.0中所谓的三项集成，其核心内涵就是应用数字化技术来确保和提升企业的整合能力，如图5.4所示。

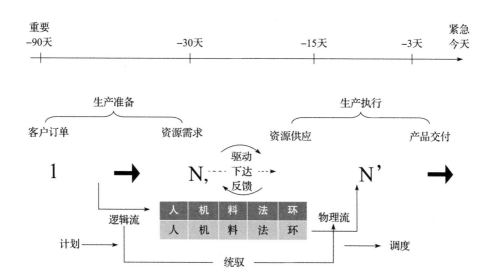

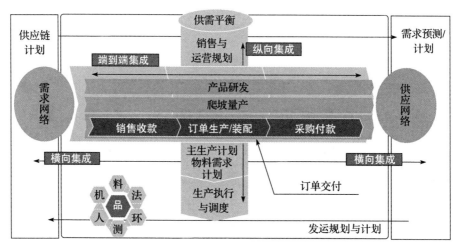

图 5.4 工业 4.0 的三项集成

人们常谈及的工业 4.0 的三项集成，包括纵向集成、端到端集成和横向集成（也有人称之为"水平集成"）。

纵向集成，指的是企业内部从年度经营大纲到季度销售与运作计划（Sales and Operation Planning，SOP），再到月度的主生产计划（Master Production Planning，MPS）和物料需求计划（Material Requirement Planning，MRP），再到按周的生产订单和按天或班次的生产排程，再到精确到分钟的现场作业等之间的计划信息的层层贯穿，以及计划与执行信息之间的双向统驭，如图 5.5 所示。

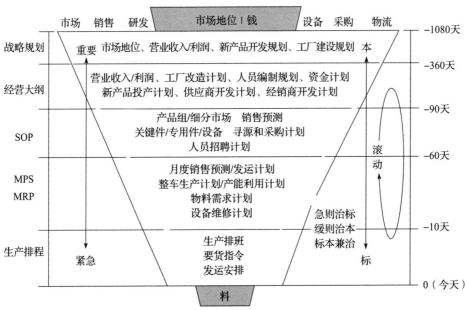

图 5.5　企业中的纵向集成

或者说从计划到组织，再到执行，再到控制，再到现场作业的层层分解和信息的双向闭环，这也是自动化金字塔尝试要解决的问题，即 IT 和 OT 的高度融合，如图 5.6 所示。

图 5.6　自动化金字塔与 IT/OT 的融合

端到端的集成，指的是从市场需求到产品开发，再到过程和工艺的开发，再到产品及工业验证，再到制造工程，再到生产准备、采购、制造、订单交付和售后服务等业务及职能块之间的业务协作。端到端的集成解决的是企业中"以客户为中心，源于市场，终于市场"等经营策略的落地。

端到端的集成可以解决市场、研发、采购、制造、服务等之间同步工程的问题，让企业的各个部门能够在第一时间了解到客户的声音（Voice of Customer，VOC），摒弃部门本位主义、更短的新产品研发周期、更短的量产速度、更快的订单交付，交付给客户质量更好、成本更低的产品或服务。

横向集成，指的是行业生态链和价值网络中，经销商、服务商、OEM企业、供应商等供需方之间供应与需求信息的高度共享和协同。

在现在的市场竞争中，企业与企业之间的竞争，更多体现在各自所处的生态链之间的竞争，单个企业的竞争优势远远比不上整个生态链的整体竞争优势。企业要想获得长久的竞争优势，必须构建起具有持续竞争力的生态链，横向集成在其中起着关键作用。

横向集成还可以很好地消除供应链中的"牛鞭效应"。

"牛鞭效应"是经济学上的一个术语，指的是供应链上的一种信息变异、放大或缩小现象，是需求信息从最终用户端向原始供应商端传递时，或供应信息从原始供应商端向最终用户端传递时，没有有效地实现信息共享，使得信息扭曲或逐级放大、缩小，导致供需信息出现越来越大的波动，此信息扭曲的放大作用在图形上很像一个甩起的牛鞭，因此被形象地称为"牛鞭效应"。

从供应链管理的角度看，"牛鞭效应"是供应链上的各层级销售商（总经销商、批发商、零售商）转嫁风险和进行投机的结果，它会导致生产无序、库存增加、成本提高、通路阻塞、市场混乱和经营风险增大的不良后果。

从心理学角度看，"牛鞭效应"产生的原因是人们在信息不对称情况下心理思维模式上的劣根性，即乐观的时候更乐观，悲观的时候更悲观。

解决"牛鞭效应"的根本办法主要有两个：一是减少供应链节点的数量，实现价值网络的扁平化，这可以通过上游部件供应的模块化和下游经销渠道的去中介来实现；二是提高供应链中的信息透明度，供应链中供需信息的实时共享和高度透明可以规避人们在心理思维模式上的缺陷。

供应链中的"牛鞭效应"及其消除方法如图5.7所示。

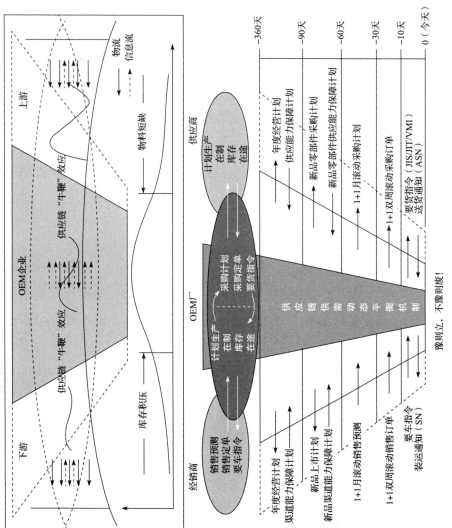

图 5.7 供应链中的"牛鞭效应"及其消除方法

案例分析：沈阳机床通过端到端集成实现转型升级

机床，又称"工业母机"，是制造机器的机器。长期以来，机床的关键技术依赖进口，沈阳机床通过自主研发和数字化转型，在机床技术的国产化道路上取得了优异的成绩。

沈阳机床通过开发和应用工业互联网信息平台 iSESOL（i-Smart Engineering & Service Online），实现了机床研发、生产和服务的端到端集成。端到端集成形成的闭环流程不仅给机床的保养维修效率提升、新产品的设计更新速度提升提供了强大支撑，而且通过装备互联形成的工业大数据更使沈阳机床走出传统装备制造业发展的困境，成功实现了向智能制造服务业的转型。

端到端集成也打通了机床上下游产业链的各个环节，实现了包括采购、零配件供应商、招投标等在内各环节的信息透明。透明的产业链信息流，大大降低了行业投资和信贷风险。

iSESOL 是基于机床装备端到端集成的工业互联网平台。它借助互联网技术，形成基于"智能终端+工业互联+云服务"的创新模式，提供了"装备上网、企业上云、产能共享、工业 APP、装备全生命周期及供应链金融等基于数据驱动的一站式工业服务"。

第三节 创新能力

连接和整合能力最终还是要为企业中的产品或服务、运营或商业模式、组织形态与领导力等的创新服务。波特的三种竞争战略,其实本质上可理解为一种竞争战略:差异化竞争。无论是产品差异化,低价策略,还是细分市场的选择,本质上还是差异化,其背后是以企业的技术创新或运营模式的创新做支撑。只有为市场和客户提供独一无二的产品或用户体验,或者以独一无二的方式(包括更低的成本、不同的渠道等)向客户提供产品和服务,企业才有可能在市场立足。

1. 产品研发中的创新创造

企业中的产品研发活动,是一个由观念到价值,由价值到形式,由形式到功能,由功能到内容,由内容到实体的创新创造历程。在这个历程中,并非所有的活动都是全新的,既有创新和变化的部分,也有继承和不变的部分。

产品研发中的"变易"——意义和形态

有生命力的产品应该是艺术品,是一种有意义的存在。其中的意义,可以是产品带给人们新的器用,抑或是新的生活方式或理念,抑或是新的审美风格或精神,抑或是对现有矛盾的再平衡和超越……。这些意义或形态,随着社会的发展,时代的变迁,消费者习惯的变化而改变,这就是产品研发中的"变易"。

产品研发中的"变易",或者说其意义或形态要"与时俱进"。

美国西南航空公司区别于同行的创新是服务内容的由奢返朴，日本汽车进入美国市场的创新是经济性能的由耗返节，苹果手机超越竞争对手的创新是用户界面的由繁返简，淘宝商城早期领先eBay的创新是对商户的由租返免……。上述种种，都是从竞品的反面去寻找创新焦点。

创新焦点找准后，支撑创新焦点落地的，要么是新的技术，或新的材料，或新的工艺，或新的约束组合，或新的算法，或新的造型风格，或新商业模式，……

产品研发中的"简易"——结构和关系

无论是新的技术，或是新的材料，或是新的工艺，或新的组合，或新的算法，或新的造型，或新的商业模式，在衍化为新产品将要传递或承载的新的意义或形态的过程中，在结构和关系上，总体遵循着某些基本的规律或原则。这些规律或原则可概括为对待律、转化律和和合律。

（1）对待律

如果说产品是一种艺术品，从其艺术形态上说，产品艺术是一种建筑艺术，也遵循着建筑艺术中对待的规律，即建筑艺术在结构或关系上的有无相生，难易相成，长短相较，高下相倾，音声相和，前后相随，强调的是对待面之间的相互渗透和协调。当然，产品中的结构或关系的对待，主要包括有无、虚实、曲直、方圆、色质、形神等对待面的运用。

以汽车产品为例，汽车的外壳包裹着驾驶和座舱，这是有无或虚实的运用；汽车外形的流线和动感，这是曲直的运用；汽车方正的上部结构和滚动的车轮，这是方圆的运用；汽车内饰和座椅选择不同的颜色和材质，以传递温暖、热情、奔放、平静、庄重、典雅等不同情感，这是色质的运用；汽车前部炯炯有神的大灯，这是形神的运用……

（2）转化律

产品中有无、虚实、曲直、方圆、上下、前后、左右、动静等对待之间不仅相映成趣，而且互相渗透，这就要在其结构或关系上遵循转化的规律。

汽车产品的行驶系统，将方向盘的左右旋转转化为车轮的前后旋转；汽车发动机的曲轴连杆系统，将活塞的上下直线运动，转化为飞轮的顺、逆时针圆周运动；汽车传动轴和悬架系统，将传动轴在 X-Z 面上的旋转运动转化为车轮在 X-Y 面上的旋转运动；通信产品中数据的排序算法，将数码的无序运动转化为有序运动，等等。这些都是转化律的运用。

通过转化律的运用，新产品实现了"有之以为利，无之以为用"的器化，将空间结构的立体感转化为时间进程的流动美。如果没有转化律的运用，产品的形态和功能也将大打折扣。

（3）和合律

企业中的产品，在其结构或关系上，要遵循产品内部各组成要素之间、产品整体与外部环境之间的和合规律。

有些汽车产品，单看其前脸，比较漂亮；单看其尾部，也比较漂亮；但整体起来看，就非常别扭，这就是其内部各组成之间没有遵循和合的规律。家电产品的外形主流是方中微圆，其颜色以白、灰、黑为主，这是考虑到其外形和颜色要与室内环境实现协调，遵循的也是和合律。面向制造业务现场的工业软件产品，其用户界面精简直观，用户操作以点击为主，这是考虑了要与车间快节奏作业相匹配，其遵循的也是结构或关系上与外部环境的和合律。

产品研发中的"不易"——基础和要素

任何一个建筑物都是由砖头、混凝土、钢筋、木材、油漆等基础要素组成的，企业中的产品研发也是建立在对现有产品的基础和要素的充分继承上，这些部分是产品研发活动中"不易"的部分，其具体内容包括：标准化的设计规格、标准化的研发流程，标准化技能集或工具链，可复用的工程知识，可复用的零部件，等等。

首先，产品研发总体上遵循着可标准化的开发流程。标准化的开发流程，规定了产品开发过程中的必选活动和可选活动，规定每个活动的输入输出，规定了研发活动的空间层次和时间上的先后逻辑，规定了每个活动的责任主体和相关支持部门，也基本回答了研发过程中的4W1H（做什么（What），何时做（When），在哪做（Where），谁来做（Who），怎么做（How））。诚然，产品的研发流程也要不断迭代和更新，但这种迭代，主体上表现为进化或持续改善。

其次，产品研发活动将应用到大量的、标准化的技能集（Skill Set）或工具链（Tools Chain）。比如CAD设计技术或工具，CAE分析技术或工具，产品和工艺的验证技术或工具，结构设计工程师，应力分析工程师，项目管理工程师，制造同步工程师，等等。产品研发中技能集或工具链的标准化，也有利于企业产品研发能力的开发和培养。

再次，产品研发活动也可以应用大量可复用的设计规格、工程检查清单等工程知识和零部件。产品研发的模块化，就是要提高新产品开发中的零部件的重用率；产品研发中FEMA（潜在失效模式及效果分析）的应用，其目的就是将产品设计和工艺设计中可能存在的风险进行知识化管理，并将之复用。

产品开发流程的标准化，技能集或工具链的标准化，设计规格、工程知识的知识化，零部件等的通用化，有助于消除产品研发活动中的变异和浪费，有助于提高研发效率和质量，有助于缩短研发周期以快速推出新产品，有助于降低研发成本，而上述的种种，都是要建立在数字化的基础上。可以说，没有研发过程的数字化，就不可能有研发流程、技能集、工具链的标准化，也难以实现零部件的通用化和工程 Know-how 的知识化。

借用管理中的 20/80 法则，企业产品研发的创新创造历程中，虽然包括了形式各样的大量活动，而其中，大概 20% 的工作是全新的创新创造活动，大概 80% 的活动则有基本的规律可循，甚至这 80% 中的大部分可予以标准化和通用化。从企业数字化的角度出发，数字化产品研发的本质是将研发流程、技能集和工具链、设计规格、风险和质量管理等工程知识、通用化的零部件，等等，在其标准化的基础上予以数字化、知识化和可复用。

上述产品研发中基础和要素的标准化、数字化、知识化和可复用，是为了更好地支持产品研发中的创新和创造。因而，没有基础和要素的标准化、数字化、知识化和可复用，也就不可能有高质量、可持续的产品创新和创造。

2. 基于数字化的创新战略

根据管理学者谢德荪教授的意见，企业中的创新战略大体可分为两类："流创新"和"源创新"。

（1）流创新

"流创新"是指能改善现有价值链的创新活动。改进现有的产品，或者找出互补性产品，或者降低产品的成本，优化运营流程，等等活动都可以称为"流创新"。

"流创新"是从 1 到 2。应用数字化技术，在业务数据化（Digitization）的基础上可视化、透明化，再进一步优化，可以帮助企业进行"流创新"。

（2）源创新

"源创新"是指企业通过新的理念，新的方法，组合现有资源来满足客户从未满足过的欲望的创新活动。也有人称之为"颠覆式创新（Disruptive Innovation）"。

"源创新"是从 0 到 1。"源创新"的基本思路是从现有事物的反面去寻找创新的方向。与"流创新"所不同的是，"源创新"的目的是发现新的需求，开拓新的市场。

"源创新"面临着很大的不确定性，因而创新的风险也很大。基于数字化开发"最小可行产品"（Minimum Valuable Product，MVP），可以帮助企业以最低的成本、最快的速度去试错，在试错中发现用户的真实需求，并采用敏捷迭代办法进行完善。

智联互联产品（Smart Connected Product，SCP）这一形态的出现，为企业的"源创新"活动提供了更多的可能。通过与云端的产品数据和应用中心协作，智能互联产品在软件性功能的扩展上基本没有什么限制，有助于企业为客户提供全新的服务，或者进入全新的市场。

简要来说，不管是"流创新"还是"源创新"，数字化技术都可以提供有力的支撑，帮助企业进行低成本、低成本、快速和有效的创新。

3. 基于数字化的创新策略

如前所述，数字化技术对企业创新能力的赋能，可以体现在产品或服务的创新、运营模式的创新、组织形态的创新，以及企业商业模式的创新各个方面。

（1）产品或服务的创新

在云计算、物联网、5G 通信等数字化技术的推动下，作为一种全新的产品或服务形态，智能互联产品已日益成熟和普遍。通过与云端的产品数据库和智能应用进行通信和协作，智能互联产品的软件性功能甚至可以无限制地扩展，并成为一种独立于物理部件的存在。基于智能互联产品的软件部分，企业可以在产品的增值服务方面开发大量的创新性、个性化服务。通过智能互联产品，企业在产品或服务方面的创新无极限。

（2）运营模式的创新

同样，数字化技术的应用将推动企业包括营销、研发、生产、供应链、服务等价值活动在内的运营模式的创新。比如，电商网站、微信小程序、智能互联产品为企业提供了新型的营销渠道，这是营销模式的创新；虚拟仿真、工艺验证、数字孪生等数字化技术在研发领域的应用，可以降低研发成本，加快研发速度，缩短新产品上市时间，这是研发模式的创新；通过工业互联网的建设，推动信息技术和运营技术的高度融合，打造"无忧"工厂和柔性工厂，这是制造模式的创新；应用虚拟现实或增强现实进行远程问诊和维护支持，这是服务模式的创新；等等。

（3）组织形态的创新

数字化技术将进一步推动企业组织架构的扁平化，将企业打造成"倒金字塔"式组织形态。在"倒金字塔"式组织形态中，员工直接面向市场和用户，创造性地开展客户支持和服务工作；领导和职能部门为员工的创造性活动提供资源保障。这是典型的"让听到炮声的人呼唤炮火"式组织架构。

随着沟通和协作方式的改进，社会化大协作推向纵深，分包、众包等协作模式日益成熟。企业可以将大量支持服务型工作分包给社会上更专业、更有活力的小企业、小团队，甚至众包给个人，从而可以精简组织规模，将人力资源建设聚焦到核心竞争力上。

（4）商业模式的创新

"羊毛出在猪身上，狗来买单"是数字化时代下企业商业模式的重大创新。在这种商业模式中，利益关联方不只有买卖两方，是三方以上，乃至更多，已经形成了错综复杂的行业生态。多方的商业模式中，参与的各个利益相关方就像五行中的金、木、水、火、土，大家形成了既相互促进，又相互制约的网状关系，可有效避免某一方利益相关者的过度偏盛或过度偏衰的现象，从而维持整个生态链的健康、可持续发展。

智能互联产品的出现也使得"服务型制造"的商业模式成为可能。"服务型制造"，即产品即服务（Product as a Service，PaaS），是制造企业在商业模式上的创新。"服务型制造"既为制造企业充分利用闲置产能，开发增值服务，提高资产或设备的使用效率，延长资产或设备的使用寿命，实现资源的回收和再循环，建立可持续的盈利模式，等等，提供了商业上的可能；也降低了客户或消费者的初始购买成本，让客户能以更低的成本享受到更多样化的服务。从经济和环保等角度看，"服务型制造"是一种先进的商业模式，代表了制造业的未来发展方向之一。从技术可行性角度看，"服务型制造"必须建立在智能互联产品这一新型产品形态基础上。

案例分析：海尔 COSMOPlat 模式

传统制造企业向服务型制造企业转型的过程中，实现企业主导的大批量生产向用户驱动的大规模定制转变，是转型服务型制造的一种典型形式，海尔公司打造的工业互联网平台 COSMOPlat，就是如此。

COSMOPlat 平台的出现，颠覆了传统制造业中由企业主导产品生产的经营模式，形成了以用户需求为主导的全新生产模式，实现了用户在交互、定制、设计、采购、生产、物流、服务等环节的全流程参与。在整个过程中，用户既是消费者，也是设计者、生产者。

在众创汇、海达源等模块的支持下，用户只需一部智能手机或一个平板电脑就可以轻松定义自己所需要的产品，在形成一定规模的需求后，

COSMOPlat 平台就可以通过所连接的八大互联工厂实现产品研发和制造，从而生产出符合用户需求的个性化产品。

用户的个性化需求对应了高精度，大规模标准化制造代表了高效率。COSMOPlat 平台的优势之处在于，它将高精度和高效率两个看似矛盾的存在实现了无缝衔接。COSMOPlat 平台凭借精准抓取用户需求的能力，让工业领域的大规模定制成为可能，抢先进入了大规模定制的"专场"。这种用户需求驱动下的生产模式革新是震撼的，也是制造业前所未有的，最大程度地契合了未来消费需求的大趋势。

COSMOPlat 平台不仅让用户进入大规模定制的全流程中来，参与产品的设计和生产，从而实现产品迭代到体验迭代的按需生产。同时，作为一个开放性平台，COSMOPlat 还提供社会化服务，利用外部接口将硬件、软件等各种资源囊括到平台上来，让所有有志于转型升级的制造企业，都可以享受这种智能制造服务。

2017 年，凭借曾经取得的优异成绩，海尔 COSMOPlat 平台及海尔大规模定制生产模式，入选了工信部 2017 年服务型制造的示范清单。

第四节　能力"哑铃"

数字化时代下，企业的三项核心能力——连接能力、整合能力、创新能力，形成了"哑铃"型企业能力集合（见图5.8）。连接能力代表"哑铃"的两端，整合能力和创新能力在"哑铃"的中间。连接能力的广度和深度决定了整合能力的细度和精度。再进一步，连接能力的广度和深度，以及整合能力的细度和精度，决定了创新能力的新度和高度。

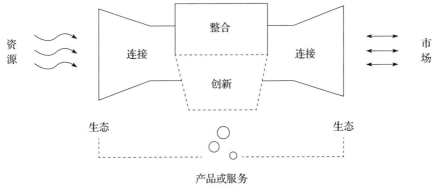

图5.8　企业核心能力的"哑铃"型组合

对于企业而言，连接能力是做"加法"，整合能力是做"乘法"，创新能力是做"幂法"。

"加法"是加资源、加对象，加类型，加方式，加样式，加维度、加内容，加时间，加地点，加渠道，……。"加法"的基本形式就是"联"，特点是多多益善。

"加法"的主要作用对象是企业生态中的"业务对象"（Business Objects）

或"业务流程"（Business Process）。只要多看，多听，多学，多试，基于数字化技术去做"加法"不难，互联网、物联网等技术都是在帮助企业做好"加法"。

"乘法"是企业生态中不同能力或要素的整合和集成。做"乘法"，首先是匹配：类型上的匹配，结构上的匹配，数量上的匹配，时间上的匹配，空间上的匹配，供需之间的匹配。过犹不及，"Just in time，Just in sequence"，在对的时间，在对的地点，以对的数量，按对的次序，把对的要素，交给对的人，这样才能匹配好。做"乘法"，其次是控制差异：$0.9 \times 0.9 \times 0.9 \times 0.9 \times 0.9 = 0.59$，某一个环节，某一种要素的细微差异或某一个短板的存在，将导致整个系统更大的差异和整体质量的下降。何况，企业所在的生态系统，远远不会如前面的数学公式那样，只有五个环节或五个变量。要想做好"乘法"，企业必须要有系统思维，整体不是简单的局部之和，局部最优往往牺牲了整体的最优。所谓"你好，我好，不如大家都好！"要做好"乘法"，讲究的是"一个都不能少，一个都不能差！"

"乘法"的主要作用对象是企业运营活动中对象与对象、流程与流程、对象与流程等之间的"关系"（Relationship）。基于数字化技术的高级分析、算法、高级排程、优化，基于数据和流程的集成，等等，有助于企业提高整合能力。

"幂法"是在纷繁复杂的现象中找到根本动力和变化的范式。

"幂法"是一种数值计算方法，是从数据矩阵中求解最主要的特征值。"幂法"可以给企业的创新活动这么几个启示：

1）社会或企业现象虽然复杂多变，但都可以转变为数学矩阵（现象矩阵）。

2）求解矩阵没必要求解出所有的根，只需找到主特征值；同样，企业了解市场变化背后的规律，也没必要了解所有的原因，只需找到根本性的，或占据主导地位的原因；对企业而言，变化背后的主特性就是创新的元动力。

3)矩阵主特征的求解是一个迭代的过程,企业的创新活动也是个迭代的过程。

"幂法"的主要作用对象是企业的产品或服务、运营或商业模式等之中的"范式"(Paradigm)。

数字化技术的应用可以帮助企业实现精益创新。通过最小可行性产品(Minimum Viable Product,MVP),企业可以以最小的成本、最快的速度去验证客户的真实需求,找到"范式",然后通过迭代的方式对创新内容进行优化和完善。

数字化技术的应用,有助于企业开发最小可行性产品。基于数字化技术的持续开发、持续集成和持续交付,有助于企业通过敏捷的方式去优化和完善创新成果(见图5.9)。

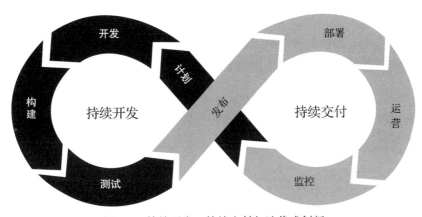

图5.9 持续开发、持续交付与迭代式创新

企业的连接能力、整合能力和创新能力是相互关联的,关联的路径一般有三种。

(1)创新能力驱动整合能力,进而驱动连接能力,是由内而外的联动

有些企业的创新能力很强。因为创新驱动出好的创意、产品设计或商业

模式，从而驱动企业提升整合能力，以将创新的结果落地。在资源要素不足时，再驱动企业的连接能力升级，以获得所需的资源。比如创新工场的小创业团队，因为自身产品或模式创新的需求，触发了对资源的连接和整合能力的需要。

（2）连接能力驱动整合能力，进而驱动创新能力

有些企业，因为连接能力很强，能够很方便地获得各种资源要素，因而萌发出将资源转化为产品或服务并将流量予以变现的冲动，进而推动创新能力的发展。比如支付宝的早期是为了解决淘宝购物的支付和信用问题，后来因为沉淀了大量的用户数据，进而催生了"芝麻信用""借呗""花呗"等数字化产品或服务。

（3）连接能力和创新能力的双向驱动，进而对整合能力提出了更高的要求

有些企业，尤其是那些数字化原生企业，天生就连接能力很强，再加上创新的气氛很活跃，创新能力也很强。创新性产品、服务或模式诞生后，随着规模的增大，需要增强其整合能力。比如滴滴出行，从创立之初就充分利用数字化技术来构建其连接和创新能力，随着用户量的增大以及安全事故的频发，进而就对整合能力提出了更高的要求。

企业中核心能力与使能技术的举例如表5.1所示。

表5.1 企业中核心能力与使能技术的举例

	使能技术	案例
连接能力	移动互联网、位置定位服务（LBS）、物联网、区块链	淘宝、滴滴、美团、Aribnb 微信、共享单车、比特币、拼多多、支付宝
整合能力	ERP、SCM、APS 智能制造/工业4.0（三项集成）云计算、人工智能	华为、吉利、美的 GitHub、阿里云、西门子、Google 翻译、今日头条、无人超市
创新能力	数据产品、内容服务、数字孪生增强现实、用户画像、数字体验	苹果 App Store、阿里芝麻信用、借呗、花呗、蚂蚁森林、小米智能、特斯拉

连接能力难得，整合能力更难得，创新能力尤其难得。应用互联网、物联网、云计算、人工智能等数字化技术，通过做"加法"于"对象"或"流程"，重塑企业的连接能力，以提高企业所能触达的上游资源和下游市场的"广度"；通过做"乘法"于"关系"，重塑企业的整合能力，以提高资源转化为产品或服务的"效度"；通过做"幂法"于"范式"，重塑企业的创新能力，以实现产品或服务、运营或商业模式的"新度"。

案例分析：数字化技术为建筑业转型所带来的机遇

与其他制造业相比较，建筑业的主要特征是日常运行的项目化，项目同时还表现出建设周期长、资金投入密集、人员流动性大、多专业和多干系方等特点。这种作业特点大大增加了建筑运营和管理的难度，也致使建筑业很难像其他制造业一样实现流水线式生产，也就比较难实现生产运营的标准化和规模化。

BIM（Building Information Modeling），建筑模型信息技术由Autodesk公司在2002年率先提出，它可以帮助实现建筑信息的集成，将从建筑的设计、施工、运行等全生命周期的各种信息整合在一个三维模型数据库中，设计团队、施工单位、设施运营部门和业主等各方人员可以基于BIM进行协同工作，有效地提高工作效率，节省资源，降低建筑成本。

BIM的核心是建立虚拟的建筑工程三维模型，它提供了完整的、与实际情况一致的建筑工程信息库。随着云计算、物联网等数字化技术的成熟应用，建筑企业可以在建筑物的BIM上整合建筑物构件的几何信息、专业属性及实时的状态信息，开发并建立建筑物的"数字孪生"（Digital Twin）。通过"数字孪生"，相关方不仅可以了解建筑物设计和制造档案，可以对之进行优化模拟，也可以将之作为物业管理的信息协作平台。

当前，在数字化技术的促进下，建筑业正在向"工业化"演变，走上其他制造业正在或曾经走过的两化融合的路径。

其一，其他制造业所使用的基于模型的系统工程（Model-Based System Engineering，MBSE）开发思想同样可以指导建筑物的设计和工程施工。

其二，产品全生命周期的项目管理理念正在向建筑业渗透。类似于其他先进制造领域，产品全生命周期管理（Product Lifecycle Management，PLM）系统在建筑业逐步开始步入应用和实践阶段。随着BIM技术的成熟，建筑设计或施工企业能够集成建筑生产系统和建筑产品的全生命周期管理，并实现三维可视化模拟与表达。

其三，一些先进制造领域成熟的数字化解决方案正在向建筑业推广。以"数字孪生""协同设计""协同制造"为代表的数字化解决方案开始在建筑业应用。随着"协同制造"的工作形式向建筑业渗透，建筑业的生产组织模式也开始出现从"串型结构"向基于BIM等IT系统的，涵盖了分析、决策、规划设计、审批、构件生产、建造、应用集成、运维等各个环节的全生命周期的"环形结构"转变。

其四，物联网和信息物理系统（Cyber-Physical System）技术开始应用到建筑业。在物联网和CPS等数字化技术支持下，建筑物将逐渐演化为智能互联建筑（Smart Connected Building，SCB），建筑物开始具备感知、思考和交流的功能，不再是冷冰冰的钢筋混凝土堆积物，而是逐渐像一个活生生的生物，一个具有"温度"的人造物。

在建筑业，数字化技术不仅改进和优化了建筑的设计、生产、运维等运营模式，还为建筑设计、施工和运维企业的运营效率提升、生产安全和质量保证、节能降耗等提供了更多、更大的可能。随着智能互联建筑物的出现，建筑物不仅是一个居家办公的场所，也可能成为一个类似于智慧冰箱、智能网联汽车、智能电视等之类的沟通平台，成为相关企业的商业运营渠道，为它们创造更多的商业机会。

Chapter 6 | 第六章

数字化重塑

> 能说算不上什么，有本事就把你的代码给我看看。
> ——Linus Torvalds

通过数字化技术的应用和赋能，企业的连接、整合和创新等核心能力将得到大大地提升，进而可以推动企业在产品或服务、运营模式、组织架构等方面的重塑。具体来看，不同的行业，业务侧重点不同，通过数字化技术进行企业重塑的表现形式也有不同。

汽车行业将更为注重研发能力的提升与生产过程的优化，通过MBE（Model-Based Enterprise，基于模型的建模）的虚拟仿真设计和制造、基于工业大数据平台和相关供应链管理（Supply Chain Management，SCM）的集成，实现缩短研发周期、供应链和整车制造过程的无缝对接及设备健康管理等在内的系列优化，实现智能产品、智能生产、智能服务，以提高生产敏捷性，满足消费者的个性化需求。

以丰田汽车为例，在产品研发方面，丰田秉持自动驾驶技术是实现"交通事故零伤亡"的手段之一。为了能够实现在市场在销车辆上得到广泛应用，丰田正在加速研发自动驾驶技术，力争到 2020 年将该技术应用在车辆上。在汽车制造技术方面，丰田生产模式（TPS）在丰田汽车工厂引入大数据技术进行分析优化管理，在计算机环境中对整个生产过程进行仿真、评估和优化，最终实现自动化、智能化、互联化的生产制造。在汽车服务方面，丰田公司在 2016 年与微软合资成立了一家名为 Toyota Connected 的新公司，由微软提供 Azure 云服务，为用户带来精准的、有情景的、直接的服务；近期，丰田也推出了一项名为 SDL "（Smart Device Link）"的服务，通过连接汽车与智能手机实现利用车载显示屏操作智能手机应用程序的生活方式。

轻工行业中以家电行业为例，家电生产商将积极探索互联工厂，缩短产品研发周期，提升工厂的自动化程度和生产效率，快速满足用户的个性化需求，实现从大规模制造到大规模定制的智能化转型。

以耐克（Nike）公司为例，作为世界领先的运动服装和运动用品厂商，耐克公司将全公司数字化和全业务流程的数字化作为数字化转型的重点，来增强其在数字时代的竞争力。为此，其提出了打造下一代数字化设计、定制 VR/AR 工作站、数字化设计平台虚拟环境进行创作的解决方案。针对 Nike 数字化 3D 设计转型需求，Nike 联合 Meta 和 Ultrahaptics 等公司，将导入新一代数字化 3D 设计工作站、数字化设计平台。通过数字化转型，Nike 提高了个性化设计的生产效率，降低了供应链成本，优化了高端市场个性化体验，提升了企业竞争力。缩短从"创意"到"产品/服务"的周期，新一代数字化设计使 Nike 的设计周期减少 50%。新一代数字化设计平台，让设计师不受工具的限制，打破框架，持续提升设计创新能力。

化工行业则追求产品向数控化和智能化方向发展，流程制造业向以数字化、可视化、自动化、网络化、集成化为特征的集成制造发展，变革其规模定制生产方式和生产型服务业的生产模式与产业形态。

食品行业由于与消费者的健康、安全息息相关，因而其突出特征在于生产过程的实时监控以及事后的质量可追溯。食品行业在生产过程监控方面可应用物联网或大数据对产品从生产到加工的全流程进行监控分析，实现精细化、自动化生产；对于可追溯体系的侧重使得食品企业能够取信于消费者，又能获得实现产品质量持续改进所需的系统完整的信息集成，以更好地满足消费者需求。

服务业更侧重于定制化（小批量生产或个性化单件定制），并重点关注用户的体验。因而，为了应对消费者个体化又日益分散化的需求，服务业可以努力的方向是转向网络选择更广泛的供应商，获取更详细的客户洞见，并推出更丰富、更复杂的产品，以更精准地满足消费者的个体化需求。

医疗健康行业在个性化、定制化方面的需求比服务业更进一步，同时兼具了食品行业对安全、健康等方面的要求。

上述不同行业企业的数字化转型故事，涉及企业的方方面面，总体上，可以用图6.1来概括。

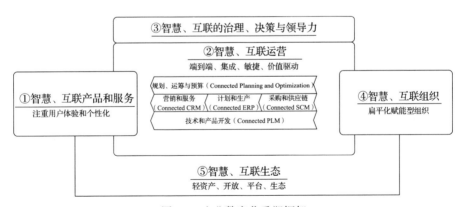

图 6.1 企业数字化重塑框架

如图6.1所示，企业的数字化重塑基本包含：产品或服务的重塑、运营模式的重塑、组织架构与领导力的重塑、公司决策与治理的重塑，以及商业模式的重塑，等等。

第一节 产品或服务的重塑

目前，中国特色社会主义进入新时代，我国社会主要矛盾已经转化为人民日益增长的美好生活需要与不平衡不充分的发展之间的矛盾。这意味着人民的主导需求已经从满足物质生活需求为主，向主要满足精神需求为主转型。消费者对产品或服务的精神性需求包括价值认同、族群归属、情感交流、个性化和品牌调性，等等，如图6.2所示。

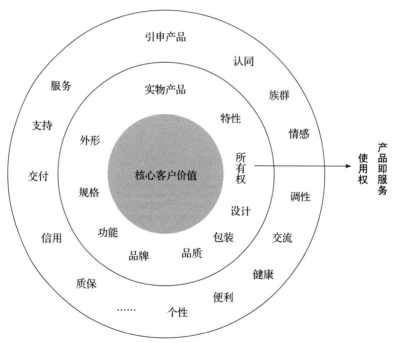

图6.2 消费者对产品或服务的需求变化

在供不应求的时代，消费者注重的是产品或服务的功能、外形、规格、设计等物质性属性和实物性质量。在产能过剩的时代，消费者不仅仅关注产品或服务的物质性属性，更关注的是产品或服务所传递的精神内涵和感知质量。消费者希望从产品或服务中找到某种价值认同感，希望产品或服务能够彰显个人的特征或偏好。这时候，产品的设计调性、品牌特性、使用的便利性等因素往往是吸引消费者购买的主要因素。

另外一个需求变化趋势是，从消费者看重的是对产品或服务的所有权向消费者在乎的是对产品或服务的使用权的转换。随着共享经济在人们日常生活中的普及，共享出行、共享旅馆、共享办公等经济形态日益普遍，人们的消费需求回归到产品或服务的本质，即产品或服务真正能够带给消费者的核心价值。共享经济不仅仅为广大消费者带来了便利，也降低了这些产品或服务的初始使用成本，让消费者支付很小的成本就能够体验到多样性的服务。

数字化技术的应用可以让企业以更低的成本、更快的速度连接更多的资源、市场和客户，也给企业在产品或服务的创新上提供了更多的可能。其中，典型的例子就是智能互联产品（Smart Connected Product，SCP）或智能互联服务（Smart Connected Service，SCS）的出现。

在过去的数十年中，在企业的运营和管理领域，曾经发生过两次有革命性影响的浪潮，一次是因 MRP、MRPII、ERP、CAD 辅助设计等信息技术或软件的应用，大幅提高了企业的整合能力，以及随之而来的企业运营和管理效率的提升；另外一次是 PC 互联网和移动互联网所带来的企业连接能力的提升，改变了企业与企业、企业与客户、企业内部等的沟通方法，让企业可以便捷地触达更多的资源、市场和用户；智能互联产品的出现则是第三次浪潮。如果说第一次、第二次浪潮中信息技术改变的是企业的组织和经营管理方式，智能互联产品则是信息技术直接作用于企业的产品或服务，重塑了产品或服务的形态。

与传统的产品相比，智能互联产品有三个核心构成要素：物理部件、智能部件和连接部件。物理部件包括产品的机械、电气或电子部件，比如车载网联汽车里的发动机、轮胎、车身、座椅，等等。智能部件包括传感器、微处理器、存储条、控制器、嵌入式操作系统、应用软件、用户界面，比如车载网联汽车里的发动机 ECU、防抱死制动系统、仪表板触摸式显示屏，等等。连接部件包括天线、SIM 卡等有线或无线连接设备、云端后台，比如车载网联汽车的云、管、端（车载电脑，又称"车机"），等等。智能部件增强了物理部件的功能，而连接部件则将智能部件与云端连接起来，使得智能部件的能力可以向更大的范围增强，甚至有些功能可以不依赖物理部件而存在。此外，连接部件也使得产品可以与它的使用环境、生产者、使用者或其他系统进行互动。

智能互联产品的物理、智能和连接部分组合在一起，形成了一个技术生态系统（见图 6.3）。

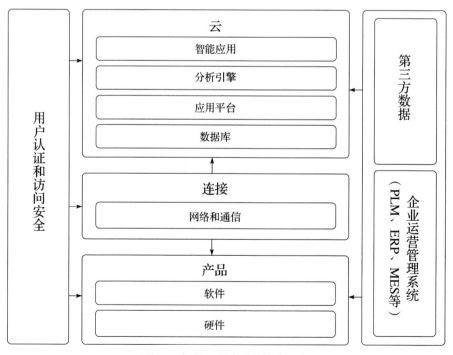

图 6.3　智能互联产品的技术生态

智能和互联性不仅增强了产品的功能，还使得以下四种场景成为可能：监测、控制、优化和自主管理。

通过传感器等装置，人们可以监测智能互联产品的状态、运行情况和外部环境，当出现异常情况时，能以数据等形式进行报警。监测功能也使得企业可以了解用户是如何使用产品的，从而更准确地了解用户的真实需求，为新产品开发提供关于用户需求的"真知"（Insight），这为研发环节产品价值工程的开展提供了数据支持。

通过内置在产品中的装置或云端的应用，企业或用户也可以在远程对智能互联产品进行控制，比如状态的调整、运行参数的设置、远程开关机，等等。比如小米公司生产的智能电视、智能电扇等智能家居产品，就可以通过手机APP进行远程控制。对于车载网联汽车，用户可以用手机APP远程开启汽车空调、将汽车点火、打开后备箱，等等。

通过对所监测到的产品运行数据进行分析，企业可以了解产品的运行状况和可能改进的地方，再采取运行参数优化、预防性维护等举措，以实现产品的性能或产出的提高、使用寿命的延长，以及能源消耗的降低，这对于工程机械、工业设备等生产或使用企业而言具有很大的经济意义。

自主管理是建立在监测、控制、优化等基础上的，对智能互联产品的深层次应用。简单一些的自主管理场景如智能冰箱，它会根据环境温度来自动调整储藏、冷藏温度；复杂一些的自主管理场景如汽车座椅，它会记忆和学习乘客的体型和重量，自动调整座椅的前后位置和高度、空气悬架的硬度以提供更好的驾驶平顺性和乘坐舒适度，等等。智能互联产品的自主化管理可以减少操作者的人工干预，避免危险作业环境下的人工介入，还可与其他产品或系统进行协作，在石油化工、钢铁、电力等行业具有广泛的应用。

当前，比较典型的智能互联产品代表有智能汽车、智能手机、智能穿戴、智能家居、智能机械，等等。

如图6.4所示的智能灯就是一种典型的智能互联产品，它具备手势控制、自动开关、智能学习、灯光唤醒、定时开关、延时关灯、USB充电等功能，并随灯提供了专门的APP，消费者通过APP可以远程操作智能灯的各种功能。通过物联网技术，智能互联产品的边缘端还可与云端进行协同，其软性功能可以进行无限制的扩展和在线升级。

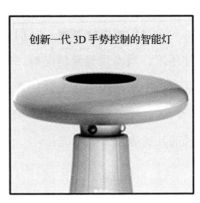

图6.4　智能互联产品——智能灯

智能互联服务是企业应用数字化技术对服务的创新和重塑。智能互联服务的典型例子如移动定位服务（Location-Based Service）、聊天机器人、车主行为保险，等等。以车主行为保险为例，保险公司根据车主的驾驶行为及其安全等级进行车险的定价，对于潜在安全风险高的车主给予高价格的车险，对于潜在安全风险低的车主给予低价格的车险。这样，既降低了车主的车险购买成本，又降低了保险公司的承保风险，可以最大限度地实现保险公司和车主的双赢。

通过大数据对消费者进行精准画像，并整合周边生态的状态数据，智能互联服务可以针对消费者的特点，结合人工智能等技术提供定制化服务。

借助数字化技术，企业可以对其产品或服务进行重塑，重塑的内容包括：通过数字化扩展产品或服务的类别，创造新的数字化产品或服务，通过数字化创造新的客户体验，用数字化产品替代原有的产品或服务，通过数字化转移客户价值主张，用数字化产品创造新的营销渠道，等等。

据IDC预测，到2020年，在超过一半的全球2000强企业中，来自基于智能化产品和服务的营收将是其他传统产品/服务的两倍；全球2000强企业中50%的企业，其大多数业务将取决于自身创造数字化增强产品、服务和体验的能力。

企业实现了产品或服务的智能互联化重塑后，还可以支持实现服务型制造的转型。

如图6.5所示，随着企业产品智能互联化趋势的演进，产品不再只是一个产品，它将演进为产品系统和产品系统生态；产品不仅仅是消费对象，还将变成企业与消费者连接和沟通的新渠道。以智能互联冰箱为例，通过智能互联的功能，冰箱不仅仅保证了食物的保鲜，还可以根据冰箱中食物的消耗情况去推测消费者的饮食规律，根据食物的消耗和库存情况，在合适的时间点，自动创建食物订货单并下达给周边的超市进行配送。这样，智能互联冰箱就不仅仅是一个冰箱，它还是一个小型的无人零售店，不仅仅起到食物保鲜的功能，还能发挥其电子商务的作用，撬动的是整个日用食品的零售生态。

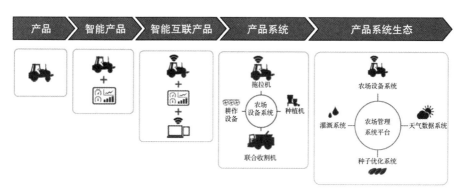

图6.5 智能互联产品与服务型制造

智能互联产品或服务还将重塑行业结构。在迈克尔·波特所提出的行业竞争五力模型中，同业竞争、购买者的议价能力、供应商的议价能力、潜在进入者的威胁、替代品提供者的威胁，等等，都将受到智能互联产品这一产品形态的影响。

通过智能互联产品，生产者可以更详细地了解购买者或用户是如何使用产品的，从而为用户提供个性化、差异化产品或服务。购买者或用户通过APP等方式可更直观地了解产品的状态和运行情况，了解更多的产品细节，降低对售后支持的依赖。另外，随着产品即服务（Product as a Service）式商业模式的兴起，购买者实际购买的是产品的使用权，这就降低了购买者的切换成本，让购买者处于更有利的地位。

通过智能互联产品，生产者可以针对不同的购买者或用户，开发和提供更个性化的产品或服务，便于做产品或服务的差异化，从而将竞争焦点从产品或服务的价格转移到个性化和用户体验上。智能互联产品的成本结构也不同于传统式产品。物理部件的开发和制造、智能和连接部件的开发，尤其是产品云平台的开发，对于生产者而言，是一笔很大的开支，会导致智能互联产品形成一种高固定成本加上低可变成本的成本结构。

对于潜在进入者来说，智能互联产品行业的准入门槛较高。初始期的大资金投入，复杂的系统设计能力，硬件、软件、云平台的开发能力，IT基础架构建设和运营能力，后续运维中的持续迭代和集成交付能力，等等，对于"新手"来说，都是不小的挑战。智能互联产品的提供者简直是集硬件供应商、软件公司、云服务提供商等多种业态于一体，即工业领域的"大宗师"级企业。

更优化的产品性能，更个性的产品服务，更丰富的增值服务，为智能互联产品的生产者奠定了竞争优势，即可以获得可持续的业务增长，也不容易受传统式替代品提供者的威胁。然而，通过智能和互联能力，智能互联产品的功能和增值服务几乎可以无限制地扩展，这也让这类产品的生产者很难区分谁才是替代品提供者，因为，似乎整个工业，或整个行业的企业都在提供功能和服务与之有重叠的产品或服务，似乎这些企业都是它的替代品提供者。

智能互联产品是一个更复杂的产品形态，甚至已发展成为系统生态，这里有物理部件生产商，有电子电气件生产商，有嵌入式软件开发商，有云服务提供商，有通信服务商，有数据安全服务提供商，还有更广大的增值服务开发商或运营商。在这种产业链中，企业和企业之间不再是简单的竞争关系，企业关心的重点变成了企业根据自身核心能力和所掌握的资源所做出的定位，以及如何保持特有的优势。

智能互联产品的产品形态将重塑企业的竞争战略，也为企业和市场提供更多的可能。智能互联产品将改变客户价值的创造形式，将影响企业如何参与市场竞争，将打破原有的产品边界和行业边界，这些将影响整个行业，驱动行业内的产品形态或服务的创新，带来行业的持续增长。

在智能互联产品时代，企业要以更积极的态度去拥抱变化、创新和市场机会。与传统式物理产品所不同的是，智能互联产品通过互联能力将企业、用户、技术等连接在一起，用软件定义世界，用算法驱动世界，基于软件和算法进行产品优化和增强，为产品或服务的创新提供更多的可能，为企业参与市场竞争提供更多的可能。

案例分析：小米公司的智能互联产品生态链

在移动互联网发展得如火如荼之际，小米凭借对未来敏锐的商业嗅觉，于 2013 年就推出了相关智能家居服务。据财报显示，截至 2019 年 6 月 30 日，小米 IoT 平台连接设备有 1.96 亿台（手机、笔记本除外），同比增长 69.5%，拥有 5 件及以上 IoT 产品的用户超 300 万，同比增长 78.7%，小米 IoT 平台在消费类设备领域已是全球最大的消费级 IoT 平台。如今只要提起智能家居，很多人第一时间就会想到小米。小米已经推出了空调、门锁、电视、音响、马桶等数十个品类的智能家居产品，结合云计算、大数据、人工智能、互联网及物联网技术，背靠超过 3 亿用户群和品牌影响力，小米已经将自己的领地推进到了智能客厅、卧室、卫生间、厨房、个人护理、运动出行、影音文娱、生活方式等各个应用场景。

小米的智能硬件布局的主要思路有两个部分：

1）做各种家庭里使用的产品，来实现产品的智能化，目的是抢占用户数；
2）推出小米智能家庭类 APP，来实现智能产品的相互连接和交互。

小米的智能硬件布局策略是循序渐进式地影响用户，期望通过不断地推进来实现其未来的目标，使其产品推广至每一个家庭，并通过 APP 实现对智能产品的控制。

当前，小米的智能互联产品包括空气净化器 Pro、米家 PM2.5 检测仪、米家 IH 压力电饭煲、米家 IH 电饭煲、米家恒温电水壶、米家扫地机器人、米家骑记电助力折叠自行车、米家小白智能摄像机、米家 iHealth 血压计、米家 LED 智能台灯、米兔智能故事机、米兔定位电话、米兔积木机器人，等等。

小米通过提供平台开放出各种技术能力，并提供特定行业的整套产品智能化解决方案，帮助开发者将传统硬件产品变为智能产品，降低开发门槛和投入成本，帮助业界开发者更加聚焦产品的功能和用户体验，更加灵活、高效地满足用户的个性化、定制化的智慧生活需求。

2019 年 8 月 20 日，在"'POW'ER 2019 全球开发者大会"上，小米集团副总裁、集团技术委员会主席崔宝秋表示，小米公司未来的产品将围绕多方面进行深化：一是实现大连接，即让用户家里的几十款、上百款小米产品实现大连接；二是降低功耗；三是实现人工智能技术的快速触达。

第二节 运营模式的重塑

企业借助数字化技术建立起来的连接能力、整合能力和创新能力等核心能力,在运营模式的重塑中,都能起到很好的支撑作用。企业的运营系统涉及企业日常运行的方方面面,比如企业的市场和营销,企业的产品设计和开发,企业的供应链与物流,企业的订单生产和交付,等等。从企业的上下游来看,运营模式的重塑主要包括下游市场和营销环节的新零售和精准营销式重塑,以及上游的研发、生产、供应等环节的智能化重塑。

一、新零售和精准营销

调查报告表明,2015 年,全球移动互联网的用户数量超过 30 亿;预计到 2020 年,移动互联网的用户数量将达到 45 亿。日常生活中,人们每天用手机刷微信,用移动支付 APP 购物,用滴滴 APP 打车,用美团 APP 叫外卖……。移动互联网正在改变着人们的生活方式,也在重塑着企业的营销和服务模式。

在数字化转型的背景下,企业应该始终对下面几个问题有着清晰的答案:①在哪里以及希望到哪里去?即如何拥有一个卓越的战略?②公司在所选择的目标市场如何取得成功?即如何实现卓越的增长?③什么因素促使企业持续成功?即如何维持卓越的绩效?这些问题的答案一以贯之,即市场、销售和服务等部门如何取悦客户?

针对上述问题,咨询公司 UNITY 从三个维度、十二个角度进行了分析和回答：

1）卓越战略。在卓越战略方面，包括，了解当前最忠实的用户是谁以及未来如何留住他们，准确获知目标用户的真实需求，本企业产品或服务所交付的价值主张是否对目标用户有吸引力，在吸引客户方面是否有与时俱进的战略。

2）卓越增长。在卓越增长方面，包括，在生态系统中创造自己独特的价值，提供足够的创新性或智能服务，开发持续改进的全渠道交互模式，实现足够的营业毛利。

3）卓越绩效。在卓越绩效方面，包括，有效地使用所掌握的资源降低客户转向其他同行的意愿，开发智能交付网络，监控和持续优化端到端运营流程。

上述三个维度和十二角度的举措，都建立在企业对市场、销售和服务等领域各个环节与客户互动时的数据洞察，即客户的个人需求偏好、消费行为和特征、企业运营流程，等等。数字化技术的应用可以优化和重塑企业的市场、销售和服务模式，其中，典型的代表是新零售和基于大数据的精准营销。

新零售是阿里巴巴等互联网公司提出的零售概念，本质上是零售业的完全数字化。新零售通过零售环节的人、货、场的数字化和一体化，以场景化的方式为消费者提供一个全新的零售体验，也促进了零售商日常运营的精细化。

新零售中的人，不仅仅是消费者，他（她）还是合作生产者。消费者不仅可以选择想要的产品或服务，甚至还可以参与产品或服务的设计，以驱动后端的供应和制造环节，真正实现需求和数据驱动的个体化定制。

新零售中的货，不仅仅是物理性产品或服务，它还包括与商品有关的全消费体验。

新零售中的场，不仅仅是线下的购物场和线上网站，它超越了以往的线上体验、线下消费的零售模式。通过物联网、机器视觉、人工智能等技术的应用，线上和线下实现了高度的融合。实际上，这时已经没有线上和线下之分了。

零售环节的数字化重塑，以消费者需求为中心，定制化商品生产与组合，交易发生在任何可以想象和触达的场景下，超越了时间和空间的限制，等等，将供给侧与需求侧贯通，为消费者提供全新的体验，提高生产者和零售商的运营效率和精准性。

精准营销的适用范围也非常广。精准营销的数字化支撑是用户画像、渠道监测和消费行为分析，等等。通过用户画像，企业可以推测消费者需求偏好和消费行为特征，为此制订有针对性的市场推广策略、渠道选择和定价策略，从而提高营销环节从引流到潜客、从潜客到成交的转化率，并降低营销成本。

虚拟现实、增强现实、聊天机器人等技术的应用，还可以帮助企业重塑其产品或服务的消费者体验，将服务内容从流体内容向沉浸式内容转变，将企业与消费者的社交互动向会话式交付转变，推动营销和服务由数字化向智能化转变。

二、智能制造

智能制造是企业数字化转型在上游研发、制造、供应环节的进化应用和具体实践，数字化转型是智能制造的前提。我们可以用"智能制造屋"来描述和了解企业智能制造转型的具体内容，如图6.6所示。

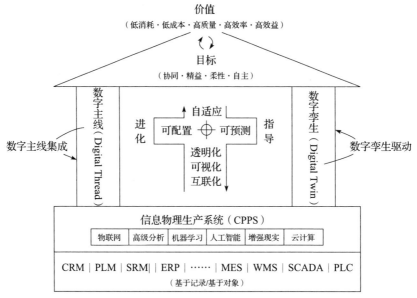

图 6.6 智能制造屋

1. 屋顶：价值和目标

"智能制造屋"的屋顶是智能制造的价值和目标。

从业务价值来讲，相比较当前中国制造业的"两高三低"（高消耗、高成本、低质量、低效率和低效益），智能制造的业务价值是帮助制造企业实现"两低三高"的先进制造，即低消耗、低成本、高质量、高效率和高效益。为了达成这些价值，其中的实现路径是通过物联网、人工智能等数字化技术的应用，来优化生产系统的生产方式、生产关系，并提升其转化效率。

从系统形态来讲，智能制造的核心内涵和目标是实现"协同、精益、柔性和自主"的制造系统。

（1）协同制造

智能制造应该是协同制造，即企业内部人与人、人与设备、人与环境、设备与设备，设备与工件、工件与工件，等等之间；以及产业链中，上下游的不同企业之间的网络化、实时协同。这也包括了所谓的"众包制造"或"云制造",从而将社会化协作式生产推进到更广范围和更深层面。比如,产业链中的协同产品设计和开发、协同供应链、协同服务,企业内部的人－机－料－法－环一体化生态系统(Collaborative and Harmony Production Ecosystem),等等。

(2) 精益制造

智能制造应该是精益制造,即通过生产系统的互联化、可视化、实时仿真和模拟,在实现"一个流"生产的同时,让各种浪费显露出来,再持续地优化生产资源的组织和转化,以消除各种浪费,杜绝各种过程差异和安全风险,在业务数字化的"加法"基础上做运营精益化的"减法"。

(3) 柔性制造

智能制造应该是柔性制造,即制造系统中的原料、能源、人、技术、流程、工具等资源和能力,可以根据市场和客户需求进行动态调整和适配。最终,在实现"批量为1"的个体化制造的同时,还能确保生产系统的高质量和高效率。

(4) 自主制造

智能制造应该是自主制造,即通过物联网、人工智能等数字化技术的应用,实现生产系统在常规性、程序式、场景化的情形下的自主决策和自组织、自执行、自监督、自调整,把人从重复式、烦琐型、低价值、高强度的生产作业中解放出来,从而将更多精力放在例外决策和系统优化等创新性工作中去,更高程度地发挥人的主观能动性、价值和潜能。

在具体表现和企业实践中,不同的行业和企业,对智能制造的目标定义会有差异,比如快速消费品行业会着重于精益制造和柔性制造,航空和汽车行业对协同制造的要求会更看重,钢铁和化工行业则可能把自主制造的诉求会放在优先位置。无论何种形式,大体上对智能制造的目标要求不会脱离协同制造、精益制造、柔性制造和自主制造这几种形态的组合。

2. 栋梁：二经和六纬

"智能制造屋"的栋梁是"二经六纬"，即纵向的两个技术支撑——数字主线和数字孪生；横向的六个进化阶段——互联化、可视化、透明化、可配置、可预测和自适应。

（1）数字主线（Digital Thread）

在智能制造体系中，数字主线是流程和数据集成的主要手段。近几年，因为互联网企业的推动，"中台"成了一个热门的话题。尤其对制造企业而言，"中台"的建设似乎成了一个非常迫切的任务。在笔者看来，现在比较成熟的所谓"中台"有业务中台、数据中台和 AI 中台，而"中台"的本质内涵是可复用的逻辑、能力或数据。对制造企业而言，数字主线类似于以产品为中心的数据中台，起到连接系统与流程和数据集成的作用，即在合适的时间，把合适的数据，传递给合适的人。另外，数字主线的建设还可以帮助企业对现有的 ERP、MES、PLM 等 IT 系统进行服务化或业务中台式改造。

（2）数字孪生（Digital Twin）

ERP、MES 等 IT 系统是基于记录（Record-Based）的架构设计，PLM 等 IT 系统是基于对象（Object-Based）的架构设计，工业互联网是基于物（Thing-Based）的架构设计，而物（Thing）的数字化展现就是数字孪生。换句话说，以工业互联网技术做支撑的智能制造应该是由数字孪生驱动（Digital Twins-Driven）的业务场景的集合，数字孪生是智能制造中的万有存在和"小宇宙"，是智能制造系统的主要人机交互界面（Human Machine Interface，HMI）。

举例来说，企业可以为设备、生产线或车间制作数字孪生，然后通过它来做运行的仿真和模拟，以发现其中的瓶颈或浪费，进而对上述物理现场进行持续优化。

又比如，企业中的设备、人、料、流程、系统等资源或能力都是某类"物"，为了支持柔性生产，这些资源或能力及其之间的组合关系，等等，必须是可配置的。而上述可配置的实现要以数字孪生作为媒介来完成。

（3）六个进化阶段

智能制造的"六纬"，指的是横向上的六个阶段或进化路径：互联化、可视化、透明化、可配置、可预测和自适应。

互联化是智能制造的最基本阶段，是"机联网"的高级阶段，包括人、机器、物料、流程、环境、系统等之间的互联互通，是实现协同制造的基础。

可视化和透明化是对数据的深入应用，在此基础上可以做生产系统的模拟、仿真、优化和因果分析，以消除瓶颈，消除浪费，杜绝风险，从而实现精益制造。

可配置是实现柔性制造的基础。要想实现柔性制造，就要将客户的需求变化（Changeable）进行解耦和系统化，转化为对企业中资源和能力及其组合关系的可配置（Configurable），进而再转化为对基本要素的（人、机、料等）的构件化（Constructable），从变易（Change）→ 简易（Configuration）→ 不易（Construct）的不断解耦，以在实现个体化生产的同时实现生产的高质量和高效率。

可预测和自适应是智能制造的高级发展阶段。

可预测是对生产系统中的过程变异和安全风险进行预测，并提前做好防范。以设备管理为例，有修复性设备维护、计划性设备维护和预测性设备维护。其中，预测性设备维护中的设备使用寿命最长，维护成本最低。制造企业中，与设备管理非常类似的业务场景还有质量、风险和安全管理，其最优形式是预测性质量保证、风险管理和安全保证。

到了自适应阶段，制造系统才算是真正意义上的智能系统。通过实时监测、算法优化和数物互联，自适应阶段的制造系统可以实现日常运行中重复式作业的自计划、自组织、自监测和自适应等完整的 PDCA 循环。

"智能制造屋"的"六纬"，一方面，互联化 → 可视化 → 透明化 → 可配置 → 可预测 → 自适应，是企业在实现智能制造愿景和目标过程中，制造系统的进化路径；另一方面，自适应 → 可预测 → 可配置 → 透明化 → 可视化 → 互联化，是智能制造要求的层层分解，上一层的要求可以指导下一层的建设。

3. 屋基：CPPS 和基础 IT

"智能制造屋"的屋基有两个：一个是包括物联网、人工智能等技术构件在内的信息物理生产系统（Cyber-Physical Production System，CPPS）；一个是以 ERP、PLM、MES 等为代表的基础 IT 系统或应用。

在智能制造体系中，信息物理生产系统是数字化技术盏。与传统 IT 架构相比，信息物理生产系统的优点是全面、实时互联和数据的自学习。借助物联网技术，制造企业中的人、机、料、系统、环境等资源和能力可以实时互联，再加上人工智能（语音识别、图像识别等）技术的应用，可以将业务全面地数字化，并大大提高数据的准确性和及时性。借助高级分析和机器学习，CPPS 可以对业务数据进行自学习基础上的自主决策。

企业中研发、生产、供应等环节的智能化重塑工作不是一蹴而就的，可以遵循互联化、可视化、透明化、可配置、可预测、自适应的进化路径，在实际推进时，结合企业的自身情况，选择从以下某个或某几个业务场景切入进去：

1）开发工厂的数字孪生，以帮助企业进行工厂的规划、设计和厂房建造与基础设计，并能用于指导厂房建设、模拟和试运行。

2）开发生产类资产或设备的数字孪生，并模拟其运转、设定和关键参数的优化；应用机器学习技术来实现资产或设备预测性维护。

3）开发产品的数字孪生，对产品进行数字化呈现，将产品工程设计和生命周期管理与工厂运营结合起来，优化新产品开发，为新产品的工程开发向批量生产过渡提供支持。

4）建设智能互联工厂，以工厂的控制和优化为目的，将资源、设备、运输工具等相关业务对象连接起来。

5）开发模块化生产类资产或设备，采用灵活的、模块化的生产类资产和设备，逐渐实现柔性化生产。

6）开发柔性生产方式，使用增材制造（3D打印）等柔性工艺，支持多种产品变种，显著增加产品的灵活性。

7）实施流程的可视化、透明化和自动化，结合智能眼镜等虚拟现实或增强现实解决方案，改善人机协作界面。

8）进行综合规划与生产排程优化，对资源可用性或需求的变化立即做出反应。

9）实施无人值守的厂内物流，确保工厂系统能够在无人干预的情况下开展物流活动。

10）开发预测性维护解决方案，在物联网和大数据等数字化技术支撑下，实现设备的远程监控，从而实现预测性维护和维修。

11）大数据驱动的质量管理和优化，应用大数据分析来发现生产或质量中的规律，为优化提供洞察。

12）实施基于数据的资源优化，通过智能化的数据分析和控制，优化能耗和资源消耗。

13）实施生产系统的参数化转移，完全自动地将生产系统转移到其他工厂，并在其他工厂复制和优化。

14）建设完全无人值守的数字化工厂，根据自主学习的算法，完全独立运作。

15）实施基于传感器的位置跟踪，通过相互连接的数据平台，对产品和原材料的位置进行跟踪，以帮助实现精益的"一个流"生产和优化。

企业制造系统实现智能化重塑的目的是实现协同制造、精益制造、柔性制造和自主制造，帮助企业实现"两低三高"的高质量制造转型（见图6.7）。"两低三高"背后的逻辑支撑是优化生产关系，改进生产方式，提高转化效率。

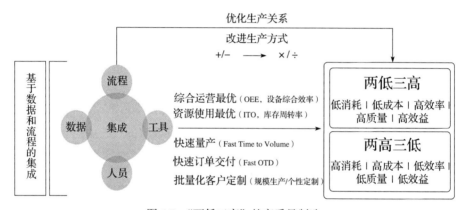

图6.7 "两低三高"的高质量制造

三、数字化产品研发

企业中的产品研发，既包含了一系列的创新活动，也涉及大量的协同设计和同步工程等管理活动。随着客户需求的个性化和智能互联产品的出现，无论是产品的结构管理，还是研发的过程管理，都面临着复杂性管理等多方面的挑战。

一方面，产品的结构越来越复杂，机械、电子电气、软件、通信等不同专业领域的部件，需要有针对性的管理手段。模块化产品结构和基于模型的系统工程（Model-Based System Engineering，MBSE）有助于企业应付产品复杂性的挑战。以汽车行业为例，世界主流的汽车企业纷纷推出了模块化汽车平台架构，如大众的MQB/MLB、丰田的TNGA、宝马的UKL/CLAR、日产的 CMF、沃尔沃的 SPA，等等，模块化平台架构已然成为衡量汽车研发实力的象征。基于模型的系统工程，则是从模型的通用化视角，来看待和管理机械、电子电气、软件等不同类型的部件及其之间的关系，以做到产品全生命周期的双向追溯。

另一方面，企业还面临着快速研发、低成本研发、高质量研发的挑战（见图6.8）。数字化时代的最典型特征是变化速度的加快，随之而来的是新产品"保鲜期"的缩短。20世纪末期，一个汽车新产品推向市场后，基本可以维持10年左右的市场竞争力。现在则不同，一个汽车新产品上市两年以后可能就必须推出年度改款，否则其产品特性将被同类产品超越而失去竞争力。为了确保新产品的盈利性，在确保，甚至提高产品质量的前提下，企业必须缩短新产品上市时间，并降低研发成本。

图 6.8　新产品研发的挑战

当前，中国制造业的研发水平与世界同行相比还有一定差距。以汽车行业为例，对于一辆全新的汽车从概念设计到投放市场所花的时间（Time to Market，TTM），世界领先企业大概在18个月左右，中国的汽车企业则大概在36个月，差距非常明显。企业产品研发领域的数字化重塑，就是要应用数字化技术，加快新产品研发的速度，缩短新品上市时间，主要举措包括虚拟测试和验证、基于数字孪生的仿真、基于虚拟现实和数字主线的同步工程、基于3D打印的样件生产，等等。

（1）虚拟测试和验证

新产品研发过程中，除了产品和过程设计外，还存在大量的产品和工艺测试、验证、确认等工作。在传统式研发中,这些测试、验证和确认工作主要通过物理样机来完成,有些工作还对环境有特定的要求,不仅成本高,耗费的时间也较长。应用数字化技术,大量的测试、验证和确认工作可以通过虚拟模型来完成,这样,不仅节约了研发成本,也加快了开发的速度。

(2)基于数字孪生的仿真

数字孪生是对物理世界的数字化模拟。在产品研发过程中,企业可以开发产品或过程(工厂)的数字孪生,向数字孪生填充真实的运行数据来了解产品或工艺在量产后的表现,从而把产品或工艺中可能存在的问题提前暴露出来(见图6.9)。大家知道,与产品或工艺相关的问题暴露得晚,企业越被动,修复这些问题所花的时间也越长,付出的成本也越高。

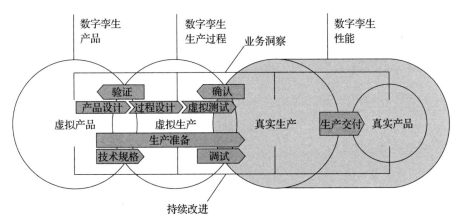

图6.9 数字孪生在产品研发中的应用

另外,数字孪生也可以将企业的工程知识(Know-how)模型化,方便工程技术人员调用,大大提高工程知识的重用度。

(3)基于虚拟现实和数字主线的同步工程

新产品开发过程中,设计、工程、制造、采购、市场等之间的协作和沟通非常重要,业内又称之为同步工程。简单来说,就是不同专业和职能领域的要求都能体现到产品和过程开发中去，大家对产品和过程始终有共同的认识。传统的新产品研发中，同步工程是以会议等为主要组织形式，以二维图纸、三维模型或 Word 文档等为沟通媒介，沟通的效率非常低下，还可能出现关键信息的遗漏。

虚拟现实或增强现实，为参与者提供了同尺寸的三维模型和沉浸式体验，展现了更全面、更立体的数据，有助于产品开发团队提高同步工程的沟通效率和准确性。

数字主线将产品全生命周期的数据整合起来，其使命是在合适的时间，合适的地点，将合适的信息推送给合适的人。同样，基于数字主线也有助于提高同步工程的效率和质量，尤其是设计、工程与制造等专业团队之间的双向同步工程。很多企业中，产品研发出来后到正式量产前还需要花大量的时间做生产准备和量产试运行（Ramp-up），本质原因是同步工程没做好。

（4）基于 3D 打印的样件生产

虽然产品研发过程中的大量测试、验证和确认工作可以通过虚拟模型来完成，但还是不能完全替换掉物理上的测试、验证和确认工作。在传统的产品研发模式中，样件的生产牵涉大量模具的制造，周期长、成本高。随着 3D 打印技术的日益成熟，很多样件的生产可以通过 3D 打印来完成，从而让企业实现"零模具的样件生产"，降低样件的生产成本，也加快测试、验证和确认的速度。

四、数字化供应链

在很多离散型行业，供应链的"牛鞭效应"是供应链管理的头号问题。在危险品行业，危险源的监测和风险预防则是企业头痛的问题。这些问题的根因都是供应链的可视化和透明化程度很低。换句话说，可视化和透明化是解决供应链问题的主要出路，也是供应链数字化重塑的主要方向。

物联网和智能互联设备有助于提高供应链的可视化和透明化程度。通过互联系统，企业可以跟踪原料或产品的整个运输路径，也可以查看诸如运输条件、储藏温度、路况和速度等详细信息。

区块链技术的应用不仅可以确保供应链信息的防篡改，提高信息的可信度，也有助于供应网络中各参与方之间的信息共享，消除各种冗余。区块链在供应链的数字化重塑中具有非常大的潜在用途。

五、运营模式重塑的重点

精准营销、智能制造，等等，只是企业运营模式重塑的部分举例，实际上，基于数字化技术上的运营模式重塑牵涉企业运营管理的各个领域。在这些领域中，虽然业务流程的形式可能没有彻底改变，但基于数字化技术的业务流程在执行时将更准、更快、更柔、更实时、更人性和更智能。

（1）客户体验至上

以客户为中心，某种程度上可解读为以客户体验为中心。在客户体验旅程的全过程中，在与客户互动的每一个触点，从产品或服务的搜索，到订单下达，到产品或服务的交付，到运营和支持，为客户提供好的体验并取悦客户，是企业运营模式重塑的首要考量。

客户体验已经成为企业参与竞争的主要着力点。行业领先企业通过为客户提供个体化、高效、精简、沉浸式、透明、安全的客户体验，为行业树立标杆。好的客户体验不仅仅是全渠道、实时定价和数字化营销，企业还需要在个体化、便利性、旅程地图、按价值付费等角度对企业的产品或服务、客户触点、商业模式等进行重塑。

（2）实时运营

"事后诸葛亮"为人们点出了决策时效性的重要性。好的决策不仅仅涉及内容的针对性和准确性，还包括决策的及时性。滞后一个月做出来的财务报表，在时效性上，显然不如只滞后 3 天的财务报表。在一个快速变化的市场环境中，业务运营的决策要求要快和准，这是建立在运营数据的实时性基础上。

（3）预测型的业务洞察

从"救火"到"防火"，是企业应对风险的进步，而这是建立在预测型业务洞察的基础上。根据信息生命周期的规律，从业务到数据，从数据到信息，从信息到知识，从知识到洞察，从洞察到决策，从决策到应对，业务洞察是关键的一环，是信息管理和价值发生革命性变化的转折点。应用机器学习等高级分析技术，企业可以做到预测性设备维护、预测性风险和安全管理、预测性质量管理，还可以将这类预测性管理方法进一步推广和深化，进化到规则式应对等阶段。

（4）跨企业协同

数字化为人们提供了更全面、更便利、更实时的交流和协作手段。未来的市场竞争主要是不同生态链之间的竞争，生态链中成员企业之间的协作效率和质量决定了生态链整体的竞争能力。企业数字化运营模式重塑的重点之一是应用数字化技术改进价值网络中跨企业的协同。

（5）人工智能和自主管理

人工智能技术的应用将重塑社会和企业中的人机交互模式。随着人工智能技术的发展和成熟，很多重复性、日常性、高强度、低价值的劳动完全可以交给计算机来做，从而把劳动力从低价值劳动中解放出来，以更多地参与非规则性业务处理或创新创造活动。借助人工智能，企业也可以逐步实现业务运行的自动化和自主管理。

上述五个方面，既是企业运营模式重塑中需要重点关注的内容，也可以作为运营模式的发展方向，供企业数字化转型参考。

案例分析：三一集团的数字化转型与运营模式重塑

三一集团有限公司（以下简称为三一）是一家总部设于湖南长沙的跨国集团，公司创建于1989年，是中国最大、全球第五的工程机械制造商，同时也是世界最大的混凝土机械制造商。

2019年8月22日，在西宁举行的2019中国民营企业500强峰会上，三一董事长梁稳根先生亲自向与会代表分享了三一的数字化转型实践。

2019年，三一创造了创业33年来最好的经营业绩，1~7月实现销售614亿元，利润93亿元，全年销售预计将达到1200亿元以上。三一的两家上市子公司都实现了存贷为正。在梁董事长眼里，他把这个成绩的取得归功于政府大规模减税降费，也得益于三一积极地进行数字化转型。按梁董事长的话来说，三一的数字化转型包括以下六个方面：

第一，是数字化营销和服务。现在，三一的树根工业互联网平台已经接入了30多万台客户设备，可以实时地收集设备运行的油耗、开工率、地理位置、服务路径等信息。通过对这些关键数据进行深入分析，三一可以为客户提供设备的运行和保养等方面的优化建议，从而为客户创造价值，也大幅地提升三一的营销能力和售后服务的效率。

第二，是智能供应链的重塑。三一把上游供应商打通，实现了供需信息的同步和供应计划的协同。2018年，三一上线了"供应链管理系统"，通过与供应商共享生产计划等信息，当市场增长时，整个供应链的保供能力可以大幅提升，同时存货也大幅降低。

第三，是智能化的产品设计和研发。三一通过应用CAD、CAE等数字化设计工具做产品研发，实现了产品设计更快、更好，效率更高、更精准。通过升级"产品全生命周期管理系统"，大幅地提升了设计效率和质量。

第四，是产品的智能化和互联化。三一和华为公司一起合作开发了全球首台基于 5G 通信技术的遥控挖机。现在，三一的各个事业部都在开发智能互联产品，包括无人搅拌车、无人重卡、无人集卡，等等。这些智能互联产品都安装了上百个传感器，可以实时采集和回传工况数据。有了大数据，再通过高级分析和机器学习，三一就可以实现产品运行的智能化。

第五，是智能化运营。主要是以 ERP 等信息系统为基础的智能化运营。

第六，是智能化生产。当前，三一的生产运行全部在线上，且互相连接在一起，业务的运行在线透明，并实现了自动管控。每台设备的开机、停机、OEE 等作业效率全部在线、一目了然，生产效率和生产质量等运营指标都得到了大幅提升。

梁董事长认为，对于数字化转型，无论是亢奋者还是焦虑者，都感到非常紧迫；50 万年前的关键词是光明与黑暗，今天的关键词是在线与离线；互联网的下半场是工业互联网，智能制造是主战场；中国是制造业大国，我们有全球最完善的工业体系，有最丰富的应用场景，在互联网应用方面并不落后，甚至更加领先。

第三节　组织结构与领导力的重塑

未来的企业将会面临供需两端的组织形态变革，即需求端的需求个性化和碎片化的消费者，以及供应端的精英化员工，因为事务性工作大都由计算机程序和自动化设备来完成。

企业以往的组织形态是基于组织和流程管控的中心化，以寻求企业经营的规模化效应，要求员工抛弃个性，奔向共性，是一种以管为主的"收"式组织形态。企业通过中心化的"收"获得了经营的规模化，但同时牺牲了部分创新力。

个性化、碎片化的消费者需求不可能通过中心化组织来满足，精英化员工也不接受太多的管控和约束。与个性化、碎片化相对应的正是创新性，包括创新性解决方案、创新性客户沟通、创新性人本关怀，这需要充分激发员工的创造力，进而要求组织采取一种去中心化、"放"式的组织形态，这里的"放"是"放风筝"的"放"。

数字化企业中组织结构和领导力的重塑示意如图 6.10 所示。

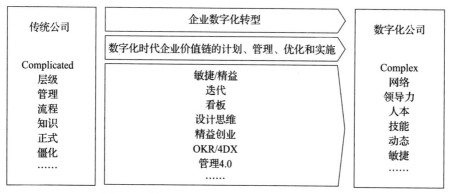

图 6.10　数字化企业中组织结构和领导力的重塑

在组织结构和形态方面，数字化企业是一种高度扁平化和网状的组织架构，以统计员、报告员、记录员等为主体的信息中介和以中间管理层为代表的企业代理人将基本消失。传统企业的科层式组织结构会被网络式跨职能团队所替代，原有的管理幅度限制将被打破。

在领导力重塑方面，企业从盈利导向转变为文化和愿景导向，日常运行从强调控制向注重赋能转变，任务执行从周密计划向精益创新转变，信息管理方面侧重保密向全员透明转变。

海尔集团提出的"人单合一，打造创客平台"，就是数字化企业组织形态和领导力转型的具体体现（见图6.11）。在海尔的"人单合一"模式中，将企业定位为"创客平台"，为员工或小微团队在创造性满足消费者需求的过程中提供资源支持，并充分激发员工或小微团队的主动能动性和创造力。

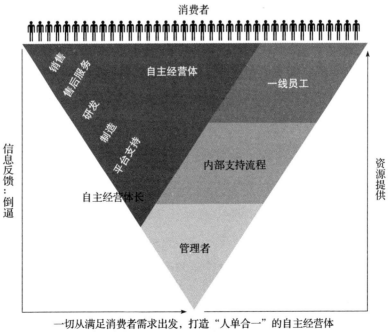

图6.11 海尔集团的"人单合一"自主经营体

数字化企业在组织架构和领导力方面重塑的效果就是，企业的组织运行是完全没有"中间商赚差价"的模式，作为信息中介的中间层级将不再被需要，那些只会上传下达、左传右递的管理岗位将消失，企业可以实现精简、高效的运行。

案例分析：青岛酷特的 C2M 转型之路

青岛酷特智能股份有限公司（简称酷特智能），经过多年转型实践，在服装个性化智能定制领域，摸索出了一条自主创新的发展道路，产生了良好的社会效益和经济效益。酷特智能专注研究实践"互联网+工业"，形成了以"大规模个性化定制"为核心的酷特智能模式，总结出了一套传统企业转型升级的彻底解决方案——数据工程，并创造性地提出了以"个性化定制"模式展开的消费者直接对接工厂的 C2M 商业生态。

在酷特智能，一件独一无二的定制西服是如何诞生的？首先，消费者在酷特智能的"魔幻工厂"APP 上对自己的西装进行自主设计，选择自己喜欢的版型、款式、风格，并一一确定包括颜色、面料、里料、刺绣、纽扣、口袋等各处细节。之后，通过预约量体，采集客户的身体数据并会与酷特智能的数据库进行匹配，自动生成最适合每一位客户的个性化定制版型。涵盖了上百万不同版型的大数据库让红领的制版准确率甚至远远高于经验丰富的版师的手工操作。

版型确定后，系统会将西装上的所有定制细节拆分，并自动进行排单。一张电子磁卡会记录所有数据，它会成为这件衣服的电子身份证，带着所需要的面料辅料，利用吊挂系统自动传送到对应的工位上。

因为每一个订单都是不同的，员工的工作方式也与其他服装厂有很大不同。他们的面前有一块电子屏幕，当挂钩带着磁卡与面料来到工位前，员工需要扫描磁卡，获取对应的操作信息。依托这种方式，酷特智能的同一条流水线可以同时生产不同的个性化产品，而其成本只比传统服装厂高出10%。

这样的模式所带来的优势有两条。第一，完全实现零库存。一个成衣品牌往往有30%～50%的成本被库存抢占，因此，对于服装产业，零库存所带来的优势显而易见。C2M实现了客户需求驱动生产。第二，去经验化，最大程度上摆脱"人"对生产的影响。

第四节 公司决策与治理的重塑

对于很多上规模的企业，随着经营规模的扩大和员工数量的增加，组织结构越来越复杂，决策、运营、执行和操作层面的隔阂越来越大，公司的决策与治理机制也日益冗余和臃肿化。

以采购管理为例，有些企业的采购招投标环节可能需要使用部门、专业管理部门、招投标管理部门、财务、法务、商务、内控等多个部门共同参与，整个过程还可能接受审计、纪检等部门的事后审查，其管理成本之高，执行效率之低就可想而知了，这已经是一种比较严重的"大企业病"。导致这种情况出现的本质是企业中的代理和信任机制日益复杂，而原因则是业务过程的数字化、透明化、可追溯性和智能化还不够。

首先，业务过程的数字化完整度不够。信任是建立在规范和信息透明的基础上的，而信息透明的前提是业务执行的数字化，即应用数字化技术将业务的执行情况显现出来。如果一个企业的职能支持服务还停留在手工作业阶段，缺乏必要的透明化，企业的内控体系只能采用传统的手工方式来做，这种相互制约的内控体系显然会增加管理成本。

其次，业务过程的透明化程度不够。即使有部分业务予以了数字化，比如通过OA流程审批的方式来进行过程控制，但其实这只是通过流程做些事后记录而已，并没有实现过程的实时管控，业务现场还是需要大量的人力来参与。

再者，业务过程的可追溯性不强。业务全过程的可追溯性也非常重要。不能实现或只能实现少量业务作业的可追溯，这自然对当事人的制约和威慑力不够，仍有部分人会铤而走险去做一些违背组织原则和规章制度的事情。为此，有的企业只能增加业务执行中的参与方，让相关方相互制约来规避对代理人的信任风险。这种做法更恶劣的结果是，在出现意外情况时，组织中很少有人愿意承担责任，从而导致业务不能有效开展。

当前，很多企业在推行三支柱式的职能支持体系建设（见图6.12）。所谓的三支柱，即，职能支持中的共享服务（Shared Services Center，SSC）、业务融合（Business Partner，BP）和决策支持（Center of Excellence，COE）。比如财务领域的三支柱包括财务共享中心、财务BP和战略财务，人力资源领

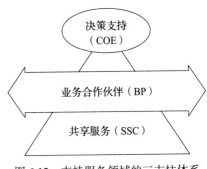

图6.12 支持服务领域的三支柱体系

域的三支柱包括HR共享中心、HRBP和HR专家中心，信息技术领域的三支柱包括IT共享中心、ITBP和IT规划，等等。职能支持三支柱体系建设必须建立在高度数字化的基础上，否则就是空中楼阁。

在职能支持体系的三支柱中，共享服务首先要逐渐推进业务运行流程化，数字化流程管理，自动化流程执行，以达到共享服务的高度数字化。在这个前提下，业务合作伙伴才可能赋能和支持业务部门，专家中心的决策支持才能实现基于数据驱动的智能决策。

按传统企业管理模式，（集团）企业管控、治理和决策的模式有三种：财务管控、战略管控和运营管控（见图6.13）。实际上，除了保险、基金等机构的投资行为，实业企业使用到的管控模式一般只有两种：战略管控和运营管控。无论是战略管控也好，还是运营管控也好，如果各业务线的业务执行不能做到高度的数字化，企业的管控、治理和决策都会面临对经营代理人的信任风险。为此，按传统的做法，只能增加职能支持部门和管控岗位，这会

导致组织结构冗余而臃肿，大企业病也就无法避免。反之，如果一线业务的执行能够做到高度的数字化，业务执行的透明化和可追溯自然也就不成问题，企业就可以大大缩减管控部门和管控岗位，让一线业务部门处于"从心所欲而不逾矩"的工作环境，既规避了代理人的信任风险，也保证了业务部门的工作积极性和主动性。

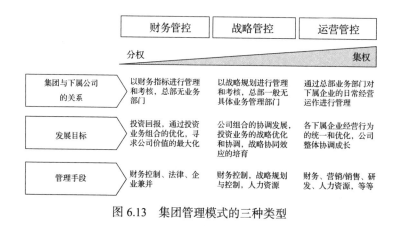

图 6.13 集团管理模式的三种类型

案例分析：美的集团的管控模式与数字化转型实践

2012 年，美的集团员工总数 13 万人，创造净利润 80 亿；2017 年，员工总数同样是 13 万左右，却创造了净利润 160 亿。是什么让美的集团在员工总数不变的情况下实现净利润翻番的呢？

美的是一家"小集团、大事业部"的集团型企业。集团总部员工人数不到 100 人，负责着战略规划、资本运作、品牌管理等事务。集团总部通过财务、全面预算和人力资源的管理对下属事业部进行管控。各事业部管辖着 10～20 个经营单位、4～5 个协同单位及职能部门，具有完全的经营决策权。另外，美的实行职业经理人负责制，创始人完全授权职业经理人进行集团管理。在充分放权的同时，美的也十分强调整个集团的经营和信息的透明化。2012年，集团提出了"一个美的、一个体系、一个标准"的管控体系，在充分放权的同时，进行透明化治理。

人与财的数字化支撑了集团治理体系的落地。2012年，美的开始布局数字化1.0战略，在集团董事长方洪波先生的带领下开始建设632项目，投资30多个亿构建了6大运营系统、3大管理平台、2大门户和集成技术平台，探索从人治到4A（流程治理、数据治理、IT治理和技术架构治理）治理，这也是被业界所熟知的美的632战略的运作层部分。

整个632战略分为两层，一层为运作层，另一层为管理层。其中"人与财"的双引擎管理机制属于管理层的部分，也是管理层中的核心部分。美的集团的"人与财"双引擎管理机制与华为的"分钱"机制非常相似。财经把账算清楚，比如基于经营业绩该分多少钱；HR搭建人才供应链并做好员工绩效与激励管理，比如"分钱"的规则与标准。财经+HR的数字化管理体系极大地激发了员工的积极性，推动了企业规模和利润的双增长。

第五节　商业模式的重塑

从企业发展和业务运营的角度看，企业数字化转型的最终目的是实现商业模式的重塑，由此来实现企业的持续增长，远离或避免竞争威胁。为了达成这些目的，管理软件公司 SAP 认为，企业可以从以下几个角度来进行商业模式的重塑（见图 6.14）：

1）通过商业模式的重塑，重新定义客户价值。比如说滴滴出行为客户提供出行服务，而不是汽车产品的销售；保险公司为客户提供驾驶行为保险（Usage Based Insurance，UBI），而不是笼统的车险产品；压缩机制造商为客户提供压缩空气，而不是销售压缩机；软件公司为客户提供软件租赁服务（Software as a Service，SaaS），而不是销售软件，等等。类似于禅宗提倡的"明心见性，直指本心"，重新定义客户价值是令客户价值回归到客户需求的本质。

2）进入新的行业或市场。当数字化技术成为社会和企业最基本，也是最主要的驱动力时，行业与行业之间的壁垒就不那么难以逾越了。再加上智能互联产品等产品形态的出现，行业与行业之间的界限也没那么清晰了。现在比较清楚的是，Google、百度等搜索公司的主要盈利靠广告，它们抢了传统媒体和广告公司的饭碗；华为原本是一个通信设备和技术供应商，现在进入了手机、家电（智慧屏）等领域。数字化时代，跨界竞争已经成为常态，当企业具备较强的数字化能力，进入原本不熟悉的行业似乎也不是很难的事情。

3）产品或服务的数字化。智能手机、智能家居、智能汽车之类的智能互联产品已日益普及。智能互联产品不仅仅是一种产品或服务形态，它们更是一种平台或生态。

4）作为一个生态系统来参与竞争。数字化和无缝连接已经将企业与企业紧密地连接在一起，企业生态已成为必然。对于单个企业而言，要么成为某个生态的一部分，要么死去。更为现实的是，作为一个生态系统及系统中的成员来参与市场竞争，其竞争力远远超过单个企业自身。

5）共享经济。从主张商品所有权向主张商品使用权的转变，已成为数字原生代（Digital Native）消费者的主要消费形式。包括共享出行、共享旅馆、共享充电、外卖等业态在内的共享经济，在国民经济中的比重越来越大。共享经济可以降低消费者的使用门槛，也便于服务提供者更准确地了解消费者需求。

6）数字化平台和数字化生态。万物互联，一切皆可数字化。数字化平台或数字生态让消费者参与到产品或服务的设计、开发、交付和改善等企业经营活动中。在数字化技术支撑下，面向个体（Individual）的产品或服务成为可能。

产品	平台	生态
单体公司	集团公司	企业集群
直接向客户销售产品或服务，通过产品或服务的售价与成本的差价获利	以成本价向客户提供产品或服务，通过品牌许可、金融、租赁、信息咨询等衍生服务获利	生态内产品和服务的形式多样化，提供方也多样化，主要以"羊毛出在猪身上，狗来买单"的方式获利，价值链成网状
HLA海澜之家　吉利汽车	TESLA MOTORS　招商银行	支付宝 ALIPAY　微信

图 6.14　商业模式的类型及重塑

无论选择上述何种商业模式的重塑方式，在数字化时代，通过数字化转型，交易型企业都将转变为关系型企业，大多数产品型公司向平台型公司转型，平台型公司向生态型公司转型。在企业生态内，产品和服务的形式将多样化，提供方将多样化和集群化，"羊毛出在猪身上，狗来买单"描述的就是这种现象。这是一种网络化、共存共荣、多赢、长期可持续发展的商业模式和商业生态。

在产品型公司，其商业模式主要是直接向客户销售产品或服务，通过产品或服务的售价与成本的价差来获利。产品型公司很容易陷入与同行企业或替代品企业的竞争。如果企业的产品或服务没有明显的差异化，就容易面临竞争的"红海"和价格战。产品型公司的代表如海澜之家、吉利汽车，等等。

在平台型公司，其产品或服务一般是以成本价提供给客户，以获得尽可能大的市场占有率。平台型公司主要通过品牌许可、消费信贷、供应链金融、物业租赁、信息咨询等衍生或增值服务来获取利润。平台型公司的代表如招商银行、特斯拉，等等。

生态型公司的商业模式则更为复杂。在其生态内，产品或服务的方式是多样化的，提供方也是多样的，基本形成了企业生态链。生态性公司是典型的"羊毛出在猪身上，狗来买单"式商业模式。相比较产品型公司和平台型公司，生态型公司的生态链中，利益相关方众多，大家是一荣俱荣、一损俱损的共同体。利益相关方之间既相互合作，又相互竞争，整体生态的开放性较高。生态型公司的典型代表如支付宝、微信，等等。

企业生态的又一个重要特征是进化，进化的过程中将出现"新物种"。"新物种"是企业生态中资源要素、组织形式、产品和服务形态等的多维跨界、融合和创新，其创造力将具极大的破坏性（中性词），能摧毁旧势力，孕育新势力，永无止境。因而，生态型企业的进化能力较强，可以快速适应环境的各种变化。

所谓"没有买卖就没有伤害"。相比较产品型公司和平台型公司的直接性、显性商业模式，生态型公司的商业模式是间接的，隐性的，有助于生态企业以更公正、更客观、以用户为中心的立场去看待其所提供的产品或服务，生态中利益相关方的整体关系更具有开放性和可持续性。企业数字化转型中商业模式的重塑，就是要将企业原有的产品型或平台型商业模式转化重塑为生态型商业模式。

案例分析：维斯塔斯公司的服务型制造转型

维斯塔斯公司总部位于丹麦，是全球最大的风力系统供应商。截至目前，在全球 77 个国家和地区安装了 6.42 万台风机。塔维斯塔的商业模式可分为三个方向：风机制造、电力解决方案和服务。到 2017 年年底，未结风电订单收入达 88 亿欧元，未结服务合同金额达 121 亿欧元，服务收入已超过风机制造的收入。

塔斯维斯的价值链从研发开始，一直到项目计划与设计、寻源与制造、建筑与安装、运行和维护。

为了实现从制造向服务的转型，塔斯维斯不仅要对自己品牌的风机提供全套检查和维修服务，甚至还要能够支持竞争对手的风机设备。为了使这种服务模式对全球客户来说更有成本效益，维斯塔斯决定创建一套数字化工具，让从事维修前的计划到现场的服务全过程标准化和数字化，为建筑经理、技术人员、分包商、客户和供应商提供实时的数据访问。

第六节 信息技术架构的重塑

企业转型过程中,无论是数字化技术的应用,抑或是产品或服务、运营或商业模式、组织形态等的重塑,都必须要有相应的信息技术架构做支撑,也必然要求后者做必要的调整或重塑。

关于信息技术应用特点的变化趋势,营销技术专家 Scott Brinker 用坐标图做了描述,笔者将之概括为信息技术应用趋势的"四化",如图 6.15 所示。

图 6.15　信息技术应用趋势的"四化"

信息技术应用趋势的"四化",即标准化、人性化、中心化和去中心化。这"四化"是两两相互矛盾的,标准化和人性化是一组矛盾,中心化与去中心化是一组矛盾。这两组都需要兼顾,因为企业既要快速响应市场和环境的变化,又需要寻求内部经营的效率、安全和规模效应。

(1)中心化和去中心化

为了确保内部运营的效率、安全和规模效应,并为客户提供一致性的服务，企业希望将内部的各类流程、工具和数据进行集中管理。比如，统一的订单处理流程，统一的客户主数据库，统一的 CRM 软件，等等。

中心化意味着业务决策的集权管理，这可能会牺牲掉业务一线，尤其是市场一线的快速决策和反应速度。中心化也意味着业务设计和落地、信息技术架构等基础设施建设的集中化，当企业的中央职能及支持服务速度或质量跟不上市场和环境变化时，一线业务的开展将受到负面影响。

在建设思路上，去中心化与中心化正好相反。去中心化有助于提高业务现场的快速反应速度，但对流程、工具和数据的集中管理带来了更大的挑战。

（2）标准化和个性化

中心化和去中心化针对的是业务后端的建设要求，标准化和个性化则主要关注的是用户界面和用户体验。标准化的用户界面，管理和维护成本较低，但用户体验可能较差；反之，个性化的用户界面在用户体验上更好些，但开发工作量大，管理复杂，维护成本也高。

中心化、去中心化、标准化、个性化等两两之间还可以组成四个象限：

1）标准化和中心化组成一个象限。在这个象限中，内部运营的效率和信息技术架构的安全性较好，合规性较高，企业的规模效应明显。

2）标准化和去中心化组成一个象限。在这个象限中，日常性、重复性、事务性的工作实现了高度的标准化，甚至自动化，业务一线也有高度的现场决策权，既可以快速响应变化，也有利于去做业务的创新。

3）个性化和中心化组成一个象限。在这个象限中，既有后台的规模化效应，又在用户端有较好的用户体验，有助于企业文化和价值的传播。

4）个性化和去中心化组成一个象限。在这个象限中，从业务一线和用户的角度来说，高度体现了市场和用户的需求，总体上更接地气。

信息技术应用"四化"趋势，实际上是要求企业兼顾内部运营和外部变化的双向诉求，这需要对企业的信息技术架构做调整或重构，具体方式上主要是三层次的应用系统划分、企业中台的建设和基于工业互联网的重构。

1. 三层次应用系统

三层次应用系统指的是企业 IT 系统的三大类划分：交互系统、交易系统和智能系统。如图 6.16 所示。

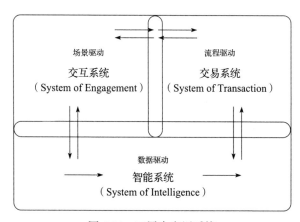

图 6.16　三层次应用系统

（1）交互系统

交互系统（System of Engagement）指的是那些直接与用户交互的 IT 系统。交互的英文是"Engagement"，还可以翻译成"约会"。也就是说，交互系统是企业与用户进行"约会"的系统。所以，交互系统的主要要求是用户体验是否好。

交互系统是场景驱动的，一个用户触点就是一个应用场景，交互系统是各种不同场景的集合。场景的设计要求是沉浸式、一站式、阅后即焚的。交互系统通用的要求是个性化和去中心化。企业中，与消费者或普通员工互动交流有关的 IT 系统，都属于交互系统，需要遵循交互系统的设计要求。

（2）交易系统

交易系统（System of Transaction）指的是企业中处理和记录业务执行过程的 IT 系统。交易系统的设计要求的是数据的准确性、完整性、安全性和可追溯。交易系统的"交易"两个字，表明了交易系统设计的严谨性。这就如同储户在 ATM 上存一笔钱，如果在交易过程的中途出错，那就要有回滚机制。

交易系统是流程驱动的，一个业务流程的完整处理就是 IT 系统的一个功能，交易系统就是各种业务处理流程的集合。交易系统通用的要求是标准化和中心化。企业中，ERP、MES、报表合并等 IT 系统都属于交易系统。

（3）智能系统

智能系统（System of Intelligence）指的是那些专注于做数据处理和分析的 IT 系统。智能系统的主要要求是数据处理和分析算法的有效性。智能系统中数据的处理和分析过程遵循信息生命周期的规律，即从数据到信息，从信息到知识，从知识到洞察，从洞察到决策，从决策到行动的进化路径。

智能系统是数据驱动的，其主要目的是为交互系统和交易系统提供决策支持。智能系统的通用要求是架构搭建上的中心化和场景实现上的个性化。企业中，商务智能分析（Business Intelligence，BI）、大数据、人工智能等都属于智能系统。

交互系统、交易系统和智能系统的侧重点不同，但又相互补充、相互协作，从信息技术应用的角度，实现场景驱动、流程驱动和数据驱动三轮驱动的企业运行。

2. 企业中台

关于中台的定义，业内尚未有一个公认的说法。有的从技术实现角度讲，所以就有所谓的技术中台，把 PaaS（Platform as a Service）平台也当成中台；有的从业务执行角度讲，所以就有所谓的业务中台，比如订单处理、订单支付，等等；有的从组织架构角度讲，所以就有所谓的组织中台，类似于职能支持部门的共享服务团队。按笔者的理解，中台是一种哲学或架构理念，它寻求的是企业能力的重复利用，即，借助数字化技术，将可重复利用的能力进行模块化、微服务化构建。

如前文所述，企业要同时兼顾中心化和去中心化、标准化和个性化，就要对企业的能力进行解耦，把它们分为前、中、后三个层面。前端直接面向用户，侧重于去中心化和个性化；中、后端立足企业内部，侧重于中心化和标准化。通过对企业能力进行前、中、后三个层面的解耦，企业就可以在最强调快速响应和用户体验的前端实现去中心化和个性化，在最强调效率、安全和规模的中、后端实现中心化和标准化。

当前，相对成熟的企业中台有业务中台、数据中台、技术中台，以及正在不断完善的人工智能（AI）中台，如图6.17所示。

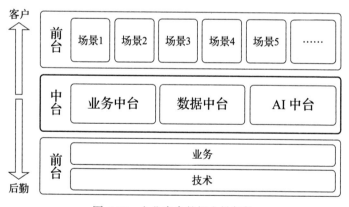

图6.17　企业中台的概念性架构

（1）业务中台

业务中台，顾名思义，是与业务处理紧密相关的，指的是企业中业务处理的模块化或微服务化。比如，企业电子商务领域的商品管理、产品搜索、用户中心、订单处理和支付、客户评价，等等。

（2）数据中台

数据中台，指的是企业中与数据存储、加工和分析、数据内容等有关的标准化、可复用或产品化的模块或微服务。企业中，与客户有关的客户（用户）画像，以及与产品有关的产品数字主线，是有代表性的数据中台。

（3）技术中台

技术中台就是将软件开发中的一些通用性要素（比如表单和报表控件、数据库访问、权限管理、打印服务等软件功能或逻辑）予以微服务化，供各个项目式开发小组调用，其目的是减少重复造轮子式开发工作，以提高开发效率和软件健壮性。

与业务中台相呼应，技术中台就像一个工具大仓库，里面放满了各式各样的技术工具，无论是哪个项目开发团队的哪个成员，都可快速找到自己所需要的工具，拿来即用。技术中台可以起到承上启下的作用，将整个公司的技术能力与业务能力分离，并以产品化方式向前台提供技术赋能，形成强力支撑，而维护这些工具的人，不用贴近业务开发，每天的任务是研究如何使用这些工具，如何调优，遇到问题如何调试，并形成知识积累。

（4）AI 中台

AI 中台是近几年才流行的概念，指的是将常见的 AI 技术，比如自然语言处理、语音识别、图像识别、机器学习，等等，以中台的形式进行模块化或微服务化构造。AI 中台就类似一个"黑匣子"，将需要处理的内容输入进去，通过相关算法处理，再把结果输出来。AI 中台的这种能力可用微服务或应用程序接口（Application Programming Interface，API）的形式供其他 IT 系统调用。

企业中台的建设，是企业能力先解耦再重构的过程，它可以弥补创新驱动、快速变化的前台和稳定可靠驱动、变化周期相对较慢的后台之间的矛盾，从而提供一个中间层来适配前台与后台的配速问题，打通并顺滑链接前台需求与后台资源，帮助企业不断提升用户响应速度。

3. 基于工业互联网的重构

传统企业的信息技术架构中，企业的业务流程和架构是典型的金字塔形式（见图 6.18），但业务逻辑无非是三大类：计划、组织和执行。其中，组织性业务逻辑居中，在计划和执行之间起到承上启下的作用。

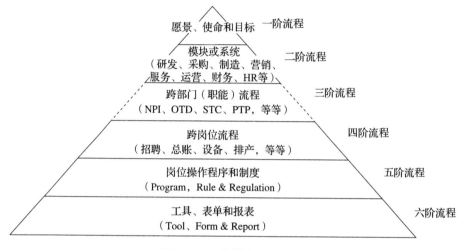

图 6.18 金字塔式流程框架

计划是寻找最优选择的决策过程。计划最接近于企业决策，或者是业务决策的后半阶段。有些企业的决策或计划，要么是凭直觉，要么是凭经验，也有的靠算法，比如线性规划就是典型的计划算法。

组织是企业资源的配置和组织结构的设计，组织活动的输入来自计划活动的结果，组织活动的输出是执行活动的输入。在企业 IT 系统中，组织活动以定价策略、订单类型、产品结构、工艺路线、生产批量、人员角色和权限等形式来体现。

执行是企业实现业务目标的具体作业，是资源转化为产品或服务的主要过程。执行的主要内容是组织活动的结果。在实际运行中，执行活动执行各种作业，并把作业结果反馈给组织和计划活动，并接受其进一步的调度。

在企业经营活动中，计划活动的逻辑是多变的，组织活动的逻辑变化次之，执行活动的逻辑则变化不大。企业要想实现柔性化组织，就必须将计划活动、组织活动与执行活动的逻辑进行解耦。

在企业 IT 架构中，组织活动主要在 ERP、PLM、CRM 等系统中实现。尤其是 ERP 系统，除了组织活动，还支持计划活动和执行活动的实现。从实际经验来看，很多企业的 ERP 系统的应用效果不理想，主要是其计划和组织功能使用得不好，而执行功能一般都能用起来。

在比较稳定的社会和经济环境中，大而全的 ERP 系统在数据集成方面比较好，可以有效地消除数据孤岛，但其架构往往也比较僵化，对应用人员的能力要求也很高。以 MRP 运行为例，它对库存数据、在途数据、在制品数据、BOM 数据等的准确性和实时性要求很高，对销售预测数据则要求周期性滚动，对销售、生产、采购、技术等部门的跨职能协作要求也非常高，因此只有企业管理水平处于非常高的阶段才可能用起来。MRP 的立意是好的，但落实到执行层面，往往脱离了企业的实际情况，尤其是当市场环境快速变化时，对企业的要求更高。反观很多日韩企业，在企业的计划、组织和执行活动中大力推行 JIT（Just in Time）和目视管理，它们在实际应用中也更容易被企业和员工接受，其实际效果反而比 MRP 要好得多。

工业互联网技术或平台应用于企业时，要求对企业的 IT 系统，尤其是 ERP、PLM、CRM 等系统进行重新定位和服务化改造，具体来说，就是将这些系统的计划和组织型功能剥离出来，交由工业大数据平台和算法来实现，而主要保留其执行型功能，这在表现形式上类似于微服务。

在以工业互联网平台为中枢的企业 IT 架构中，ERP、PLM、CRM、MES 等系统都是一个"物"，在"物"的层面上看，它们是平等的，工业互联网平台通过数据连接器将这些系统连接起来。当然，工业互联网语境中的"物"

不仅有 IT 系统，还有设备、资产、原材料、半/成品、人员，等等，这些"物"根据业务场景的需要进行连接和数据交互。在表现形式上，这些"物"都类似于微服务。

在"物"的协同层面，谁和谁连接，什么时候连接，交互什么内容的数据，也就是企业的组织活动，则是借助人工智能和工业大数据来实现。

在人机界面上，通过一系列基于角色的工业 APP 或增强现实，在这里，数、物、人实现了高度的融合，并为用户展现一个个极简、直观、互动、立体式界面。

工业互联网平台通过连接进行数据聚合，通过机器学习实现数据理解和学习，通过 APP 实现数、物、人的融合，为企业的数字化转型和建设提供了一个全新的思路。

基于工业互联网的信息技术架构重构示意如图 6.19 所示。

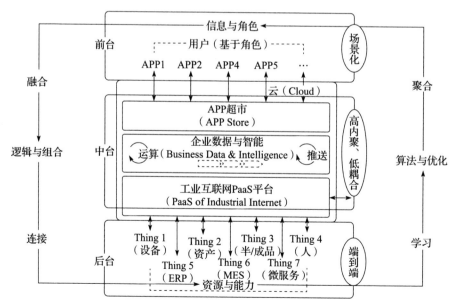

图 6.19 基于工业互联网的信息技术架构重构

案例分析：绿城的中台架构

2018年1月12日，在"2018数字智能驱动地产创新和转型"的迎新论坛上，绿城理想生活集团大数据中心技术总监赵永标先生，介绍了绿城的大中台架构，主要包含计算后台、数据中台+业务中台、业务前台等三个层面的内容。

（1）计算后台

包含计算存储（服务器、数据库等）和计算能力（离线计算、实时计算、流式计算、人工智能等）两层。

（2）数据中台+业务中台

提供数据共享服务和运营咨询服务，涉及数据能力、数据引擎和业务组件（房源、线索、商机、渠道、佣金、工单、投诉等）三方面。中台是凸显数据运算和业务支持的环节，是最为核心和庞大的部分，确保为业务前台提供高效的服务。

（3）业务前台

业务前台有自主研发（SAAS）和合作伙伴（ISV）开发两方面，包含了绿城的九大系统（置业绿城、绿粉汇、智慧案场、接待系统、掌上销售、精准营销、营销大脑、绿城云选、客户关系管理）和房屋4S、绿城+，支撑整个线上业务，提供灵活快速的客户服务。

赵永标认为，大中台战略的意义主要有两点：

1）从服务能力的角度来看，是打造一个对内对外的开放平台、企业不断提升服务能力、滋养新业务的手段。

2）从业务创新角度来看，大中台也是支持业务试错的最佳阵型。

对于绿城的"中台战略",赵永标总结出了三个阶段:

2009年以前,因为业务系统的缺乏,没有先进的管理平台,数据很难统一和相互连接,管理只能通过反馈和纠正来进行,往往属于事后管理;现在,通过管理平台,能够实时监督业务过程,监控管理效果,属于事中管理;今后,将更多地运用大中台的技术架构、服务架构和组织架构,利用前端的反馈,进行数据优化,实现事前预测管理。

Chapter 7 | 第七章

数字化增长

数字化就是企业的生生之学和生生之业。数字化之生存，是通过数字化提升企业运营效率；数字化之发展，是通过数字化实现企业营收增长；数字化生态，则是通过数字化改造企业的组织形态，实现相关方的共生、共长和共荣。此三者可以概括为数字化增长，如图7.1所示。企业内推动数字化增长的团队或个人，可称为数字化增长黑客。

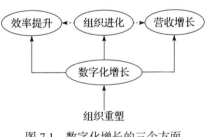

图 7.1　数字化增长的三个方面

从组织进化的角度看，作为企业中长期组织发展的目标，数字化的企业重塑是建设"水样"企业。所谓上善若水，水善利万物而不争。企业的数字化发展，形应是水，行应是水，效亦是水。处处为他人做嫁衣，他人又处处离不开它。至于此，生态化之企业可期。

第一节 效率提升

数字化企业运营效率的提升，是指企业通过数字化，实现日常运营的更准、更快、更高、更优，进而更强。运营效率提升主要体现在内部流程效率提升、资源/资产利用率提升、柔性化和敏捷性提升，以及成本结构优化等几方面。

1. 内部流程效率提升

一般性制造企业的核心价值链主要由新产品开发、产品试生产到量产、订单交付、市场、销售及服务等流程组成。

在新产品开发和试生产阶段，通过基于物联网和仿真等信息技术的产品数字孪生和工艺数字孪生等的应用，可以大范围地进行虚拟设计和虚拟验证，在降低新产品开发成本的同时大大缩短新产品开发时间。

在订单交付阶段，应用供应链优化和 CPS（信息物理系统）等技术，在精益生产指导下通过信息技术的指导进行人、机、料的精确匹配，从而实现一个流生产，大大缩短客户订单交付时间。

在物流计划和配送环境，应用物联网和大数据技术，进行物流配送的自动化、模拟和优化，实现按需配送（Just in Time/Justin Sequence，JIT/JIS），从而大大提高库存的周转率。

数字化流程效率的提升过程示意如图 7.2 所示。

第七章 181
数字化增长

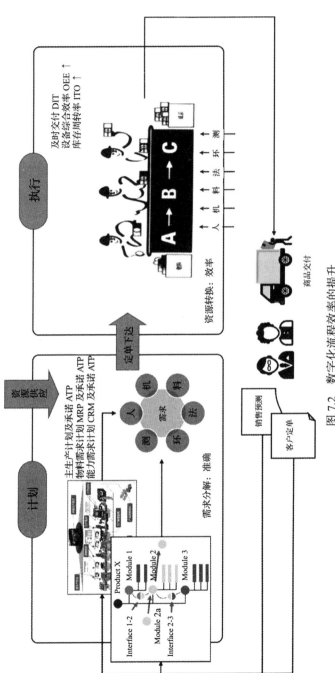

图 7.2 数字化流程效率的提升

内部流程的优化，本质是基于数字孪生的虚拟化、整体优化和执行环节的精确匹配，以实现资源（人、物料、技术、资金等）的快速流动和周转。

2. 资源或资产的利用率提升

资源或资产的利用率提升主要指原材料的有效利用率（比如减少工废料废）、产品合格率、资产利用率等的提升。

以设备综合运营效率（Overall Equipment Effectiveness，OEE）为例，OEE 提升 5%，设备的有效产能提升 10% 左右，尤其是当 OEE 比较低的时候，提升 OEE 的效果更为明显。根据笔者的观察，很多制造企业的 OEE 在 85% 以下，在不增加投资的情况，通过优化工艺参数、优化作业顺序、提升加工质量，等等，可以显著提高资产或设备的 OEE。

如图 7.3 所示，借助工业物联网或 CPS 技术，企业可以对车间的人、机、料、法、环、测等要素进行实时连接和监控，借助机器学习技术，对连接后的数据进行理解和学习，并基于这些数据对工厂运行进行模型化仿真，通过仿真发现生产现场的瓶颈，再结合约束理论（TOC）或精益生产"一个流"理论的指导，推动整个车间综合运营效率的提升。

3. 柔性化和敏捷性提升

随着供应过剩，个人消费品生产的出路之一是个性化定制，即根据消费者个人喜好来进行产品的设计和制造，这对当前的批量化生产式流水线作业是一个巨大的挑战。为了支持个性化定制生产，工厂的很多设备将主要是通用设备（General Machine）。针对产品的个性化要求，加工的工序参数由中央计划和控制系统来决定并推送到设备终端，这种作业是高度柔性化的（见图 7.4）。

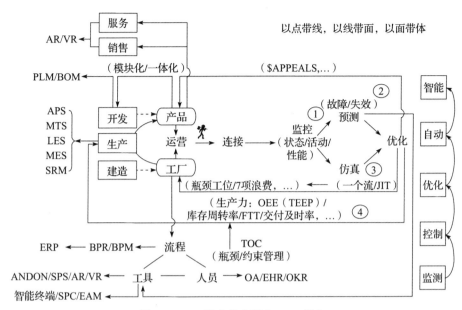

图 7.3　CPS 技术的应用和 OEE 提高

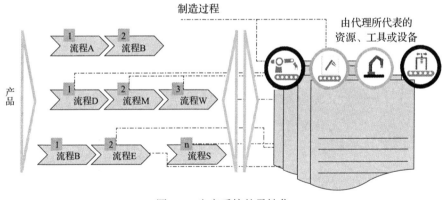

图 7.4　生产系统的柔性化

在生产线柔性化的同时,工厂的人机界面将更加友好,员工不需要做选择或判断,只需根据系统提示进行操作,一个员工可以胜任多台设备的操作。而"零学习"的人机界面,可以确保产品调整时员工能够即时满足作业要求,不再需要提前组织大量的员工作业培训。

4. 成本结构优化

随着人口老龄化和生活水平的提高，人工成本上升是必然趋势。人的优势在于创新创造，重复性工作应该交给机器去完成。生产设施在自动化基础上的智能化，可以最大限度地减少人工干预，实现作业的少人化和客户服务的自助化，从而将宝贵的人工安排到创新性岗位上。

总体上，效率提升的重点在于更少的资源消耗，更快的资源周转，更高的有效产出，更少的人工干预。在 ERP 时代，通过 ERP 等 IT 系统的应用也部分达到了这些目的，但很多作业仍然是手工完成的，对员工综合素质的要求比较高。在数字化时代，通过物联网、大数据和人工智能等信息技术的应用，企业对资源的感知和掌控的程度更广、更细、更实时，可以实现更高层次的精确匹配和优化。在精细化程度上，ERP 时代和数字化时代，是"分米世界"和"毫米世界"的差别。

案例分析：大金空调的数字化转型实践

对很多企业来说，数字化转型带来的最直观的收益来自产能的提升，这种提升不仅源自对资源的更有效利用，也来自更加智能的生产线。部分企业通过积极地数字化转型，已经建立起"智能工厂"，并取得了一定的领先地位。

作为全球知名的空调企业，大金空调一直注重工业生产的改良，数字化转型大潮掀起后，为了产出更能符合市场需求的新产品，大金空调在泰国成立了旗下第一家智能工厂——DCI 压缩机第三号工厂。

这座工厂建立了高度自动化生产线，机器手臂代替了传统的人力生产，使得生产线的精度与效能实现了大幅提升，成品的精准度达到了微米级。伴随这条智能生产线出现的，还有一套全程覆盖的追踪系统，通过产品的二维条形码，管理者可以准确追溯每颗零件的生产信息，进行统一的生产管理与成本管控。

在建设智能工厂前，大金空调年产 75 万台压缩机，而在 2018 年，压缩机的年产量就超过了 180 万台，预计到 2020 年，这一产量可达到 360 万台，对比传统工厂，智能工厂的单品生产时间也缩短了三分之一，甚至随着技术的完善，2020 年可缩短三分之二的工时。

大金空调是有近百年历史的企业，非但没有因守旧而衰败，反而积极拥抱数字化，善用物联网与 IT 科技，颠覆过去的传统思维，活化产品策略，翻转商业模式，并将智能化技术应用在制造体系中，做到与时俱进，成为当代企业数字化转型的重要成功案例。

第二节 营收增长

效率提升是节流，营收增长是开源；效率提升是保持守成，营收增长是开疆拓土。在内部运营提升方面，ERP时代与数字化时代还可能是量的差别；在市场、销售、服务和营收增长方面，ERP时代与数字化时代就是质的差别。在营销和服务领域，数字化带给企业的是革命性变革。

在营收增长方面，数字化带给企业的益处主要体现在新型或增强型产品或服务、新客户获取、新渠道拓展和新型定价或营收模式等方面。

1. 新型产品或服务

数字化时代出现了一种全新的产品或服务（新物种）——数字产品或数字服务，阿里的芝麻信用和花呗、京东白条等，就是典型的代表。数字产品或数字服务不再依赖物理产品或服务而存在，从而可以实现产品或服务交付的零边际成本。

在工业消费领域，产品即服务的交付模式日益普遍。工业数据云服务提供商采集企业的设备运营数据，通过模型化算法分析，给企业提供维修保养的建议方案，这些服务提供商提供的是数据算法服务。

数字化产品或服务已经成了一个新兴的产品门类，其内容和品类日益丰富，不仅优化了现有物理资源的运营效率，对于社会绿色发展将做出巨大贡献，其市场潜力不可限量。

2. 增强型产品或服务

通过数字化特性增强物理产品或服务的内容，为客户提供更好的用户体验，已成为业内的共识。

虚拟现实和增强现实（VR/AR）可以为客户提供沉浸式的用户体验。通过数字模型和物理实物的叠加，数字模型可以更接近于现实的场景提供多方位、更友好的互动。

人工智能充当了新一代人机界面，把用户从烦琐的键盘和鼠标输入操作中解放出来。通过语音、图像、动作、手势，等等，用户就可以完成与机器的交互，机器已然变成一个会倾听、会交流的"生物"。

移动互联网和物联网等技术，可以让客户与物理设施、企业、其他方实现随时、随地的连接和交流，时间、空间不再是沟通的障碍。

通过用户画像和大数据技术，可以实现动态、一致的用户体验和交互。在用户熟悉的场景，他们可以自由浏览而不被客服打扰；当用户浏览遇到疑难而停留时，客服机器人可及时提供引导和帮助。不管是浏览企业官网、APP、展厅等渠道，用户可以体验到具有一致性的内容和服务推送，而不增加学习成本。

更好的用户体验，提升了客户对企业产品或服务的认可度。

3. 新客户获取

通过移动互联网、物联网和大数据技术，企业有可能以很低的成本接触到更广大的用户群。传统的线下推广，周期长，成本高，转化率低。通过官网、微信公众号、小程序、消费者APP、H5程序、数字门店等多种渠道，企业可实现上亿级访问用户的触达。

结合用户画像和数字积分，从"路人"，到"访客"，到"关注者"，到意向用户，到购买者，再到转介绍的粉丝群体，精准识别潜在客户，提高销售线索转化率，如图7.5所示。通过关爱活动、新品推介会、粉丝交流会等提高现有客户的留存率和转介绍率，实现粉丝营销。

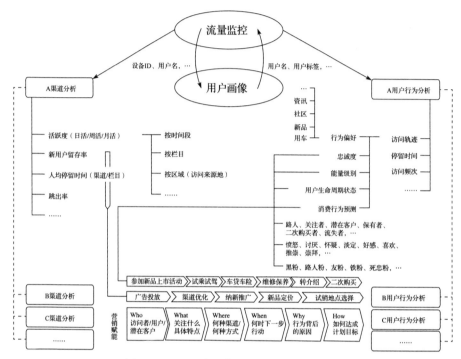

图 7.5 基于用户画像和互联网的数据营销

4. 新型营销渠道

线上渠道营销已然成为企业渠道的主力。根据 ZMOT（Zero Moment of Truth）理论，客户购买决策意向在下订单前已通过数字渠道完成，因此企业需要构建全方位的营销渠道，多触点立体触达客户，在向客户传达品牌和产品诉求时引导客户的购买意向。

新型营销渠道包括社交媒体（微信、微信公众号、微博）、行业网站、企业官网、小程序、消费者 APP、数字展厅，等等。

与传统渠道相比，新型营销渠道，特别是数字渠道，可以实时感知访问流量的特性（访问者、所在区域、浏览内容、访问时长等），从而可以做面向用户精确画像下的场景化营销引导。

数字化营销渠道与客户增长示意如图 7.6 所示。

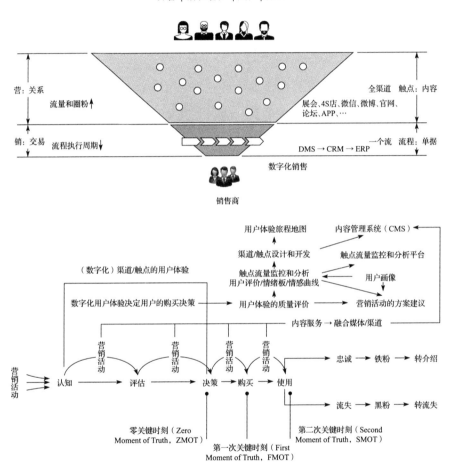

图 7.6　数字化营销渠道与客户增长

5. 新型定价或营收模式

除了传统的通过产品或服务来获得收入外，数字化时代也孕育了新型定价和营收模式。

产品即服务是一种新型的定价模式。企业不再向客户出售商品，而是以租赁的方式提供服务，客户可以即需即用，不需要为不需要的额外功能付费。产品即服务式定价模式，一方面可以降低客户的初始购买成本，降低产品推向客户的门槛；另一方面也可以迫使企业从长期运营的视角不断打磨和完善产品或服务，通过持续优化的用户体验，将客户的一次性购买变为持续性购买，这有利于企业的稳健、可持续运营。

访问流量本身也可以打包提供给第三方增值服务提供商。淘宝就是将用户的访问流量销售给淘宝商家来获利的。尤其是平台型企业，随着平台流量的增加，对商家的吸引力也大大增强，通过流量的引流和转发，撮合消费者与商家的连接，使得消费者、商家、平台商能够实现三赢。

销售具有特许权的用户 ID 给客户是另外一种新型营收模式。借助会员系统的支持，企业可以设计系列具有特权的用户 ID 等级，不同的用户 ID 等级可以有不同的特许权限，比如浏览更多的内容、更优惠的商品折扣、新品推荐和体验的优先权，等等。特许权迎合了消费者的自我认同和成就感等心理需要，特许权的有偿获得可以作为企业在数字化时代的新型营收模式。

案例分析：步步高以数字化推动获客增长

2017 年是步步高数字化转型的关键一年，其总体数字化创新战略方针是线上节约顾客时间，线下"浪费"顾客时间，创造更好的购物体验。

步步高拥有百货和超市两大事业群，两个事业群的客户群体不同。步步高超市业务以快捷为主，百货业务以客户体验为主。步步高通过基于数字化技术的增强智能体验、优化在线渠道、客户画像精准营销三个路径来实现技术驱动业务创新。

（1）客户获取与经营的闭环

运营的关键是两条线：获客和经营。步步高的数字运营体系，围绕着用户的运营这个重心，以顾客为中心，融合数字技术形成客户获取与客户经营闭环。抓好这两条线，让客户群不断壮大，提高客户成长转化率，以此来保证毛利的提高。零售行业是个薄利行业，提高企业毛利，就是要在这个闭环里面多下功夫。具体工作是针对性活动设计（目的）、分析人群相关性（精准）、交易简便个性化、提供更多价值（权益/服务）、了解顾客喜好（消费偏好）、赢得顾客信任和主动传播。

（2）客流数据分析建模

传统零售的数据是基于交易客流，基本等同于俗称的会员。商超里面的客流分为交易客流、饭店客流、进店客流、到达客流、潜在客流，最容易获取的是交易客流，企业现有的 CRM 系统或者收银系统基本都能涵盖这部分客流。但现行的、基于 CRM 和收银系统的客流管理模式有两个管理上的缺陷：一是普遍重视客户的消费能力，而忽视传播与分享能力，也无法量化客户的传播与分享能力；二是高度重视新用户的数量积累，而忽视后期的长期服务和维护，靠利益刺激，吸引促销客户而非忠诚客户。步步高的认知是：到店即是会员，得顾客数据者得天下，这就要建立一整套的全顾客、全消费行为管理的客流分析系统。

（3）身份识别

顾客到店，不同级别的会员消费不同，给企业带来的效益也有较大差别。如何提前区分会员等级，而不是在收银的时候强制出示会员卡来事后统计？步步高的做法是针对以不同渠道、不同方式获取的顾客有统一的 ID 和 ID 映射图谱方案，能够在具体的场景中识别顾客。步步高用 WiFi 探针、手机号、微信号、支付宝 ID、人脸识别等来实现这一目标。只要有了顾客 ID，那么客户就成了广义的会员，把这些有身份信息的会员管理起来，就可以在不同的场景中预判用户行为，在顾客离店之前便进行适当的会员关怀和消费引导。

（4）客流分析系统

步步高客流分析系统的升级，其战略目标是获取全顾客、全消费行为数据。传统的客流分析系统，主要是人工统计、红外感应、视频检测，采集到的主要是进店客流、POS等销售数据，能做的工作有限，步步高现在要做的是强化管理，努力提高顾客转化率。步步高升级后的客流分析系统，重点是对到达客流、车流数据、顾客运动轨迹、WiFi探针等做进一步挖掘。通过识别、数据采集以及分析技术，步步高得以丰富会员画像从而做精准的会员成长关怀和管理，提高客单附加值，提高会员活跃度，甚至从周边商圈来吸引潜在客流并最终将其转化为忠诚会员。

第三节　组织进化

未来社会是一个快速变化的社会，客户需求也是个性化、碎片化的。要支持快速响应客户的个性化需求，要求企业的组织形态去中心化和人性化。另外，企业也需要保持统一的品牌认知、规模化效率和业务安全，这要求企业的组织形态中心化和自动化（标准化）。这两组矛盾要想平衡好，则企业的组织形态需生态化。

企业完成了数字化重塑后，就有了很强的连接、流量和孵化能力的支持，平台中的利益相关方可以实现自主管理。传统企业中管理层的存在是作为代理人，传达客户的声音。如果在平台中，员工可以直接与客户对话，可以直接了解客户的诉求，管理层作为"信息中介"的作用就不再需要。这样，企业的组织形态就将变成网络状和零管理层，如图7.7所示。

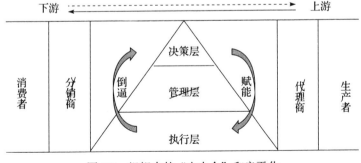

图 7.7　组织中的"去中介"和扁平化

网络状的组织结构中，技术、工程、制造、服务等各个角色都直接与客户连接和沟通，仅围绕客户需求来开展工作，客户是否满意成了评价他们工作质量的唯一指标。

在这种组织结构中，不再需要管理，员工在满足客户需要的同时进行自主管理。以自计划、自组织、自适应、自激励为核心内容的自主管理将成为未来企业的主流领导模式。以海尔公司为例，借助数字化企业重塑，海尔公司正在成为一个"创客"平台，而广大员工则变成了自主管理的"创客"或"创业小微"。海尔公司的"创客"平台就像为广大"创客"提供创业所需的土壤、水和空气，"创客"在这片土地充分发挥个人的积极性和创造性。这样，整个海尔公司就变成了一个企业生态，而员工则是这个生态中自主管理的有机"生物"。

案例分析：海尔公司的"创客"平台和"创客"文化

张瑞敏先生认为，企业家精神也应该从熊彼特的"创造性破坏的精神"变成德鲁克"人人都是CEO"的精神，也就是要搭建人人都有机会成为创业家的平台。他首创了人单合一模式，打破企业层级，员工变成了可以自主创新创业的创客，海尔变成了创客平台，如图7.8所示。

如今，海尔平台上有200多个创业小微，它们在更多领域实践海尔创业33年积淀的创新精神。通过人单合一模式跨行业、跨文化的复制，在更广阔的范围打造了更多的创业家。

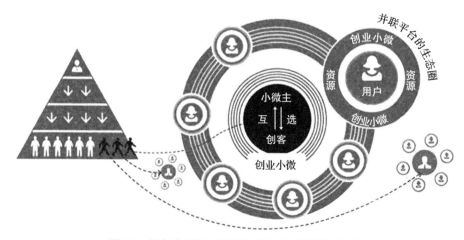

图7.8 海尔公司的"创客"平台和"创客"文化

科层制组织最大的特点就是整齐划一、指令一直执行到底，要求所有人都贯彻到位。而每个员工处在不同岗位、不同职位，薪酬往往与职级相关，所以并不关心用户需求。但是，互联网时代，用户个性化、市场碎片化，整齐划一的组织一定会被颠覆。所以，海尔的整个组织，从一个正三角、金字塔型变成了一个扁平化的结构。

现在的海尔，没有层级，只有三种人——平台主、小微主、创客，大家都围着用户转。原来的员工，以前要听从上级指挥，现在要为用户创造价值，必须要变成创业者、创客，这些创客组成小微创业企业，创客和小微主共同创造用户、市场。不过，小微主不是由企业任命的，而是创客共同选举的。创客和小微主之间可以互选，如果小微主做了一段时间之后被小微成员的创客认为不称职，可以替换掉。实际上，海尔的小微主经常有被替换掉的。

海尔用二维点阵图来评估业绩。横轴是"企业价值"，用的是诸如销售收入、利润、市场占有率等这些常见指标；纵坐标是"网络价值"，也就是用户价值。过去，一个人卖十万台产品，横轴所代表的指标很高，就可以拿高薪金；现在不行，还会问卖十万台对应有多少用户？顾客和企业只是交易关系，交易完成就两清了。

"员工创客化"，海尔收获了不错的成果，创新产品在市场上频频"出手"。而"小微"们的热情也十分高涨。越来越多的人在以"小微"为单位，"当自己的CEO"。在"2015中国青年互联网创业大赛"上，海尔集团内部孵化的员工创业小微企业"雷神"和"Iseemini"分别摘获金奖和铜奖。

第四节　增长黑客

增长黑客（Growth Hacker）首先由肖恩·埃利斯于2010年首次提出，现已成为许多互联网创业公司快速增长的不二法门。增长黑客原本是一种用户增长策略，即在没有太多广告、市场活动预算的前提下如何帮助企业快速增长。

增长黑客的理论基础是AARRR用户模型，即"获取（Acquisition）""激活（Activation）""留存（Retention）""收入（Revenue）""传播（Referral）"，如图7.9所示。

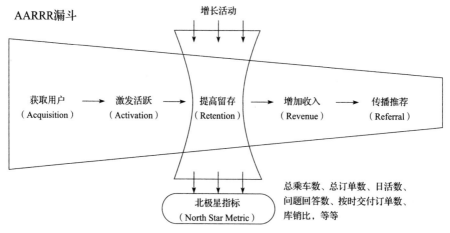

图7.9　增长黑客的AARRR模型

增长黑客的本质是通过过程指标的提升来实现结果指标的增长，而过程指标的提高是由系列经营活动组成的（见图7.10）。要想确保业务增长，就要提高过程效率；要想提高过程效率，就要优化具体作业。

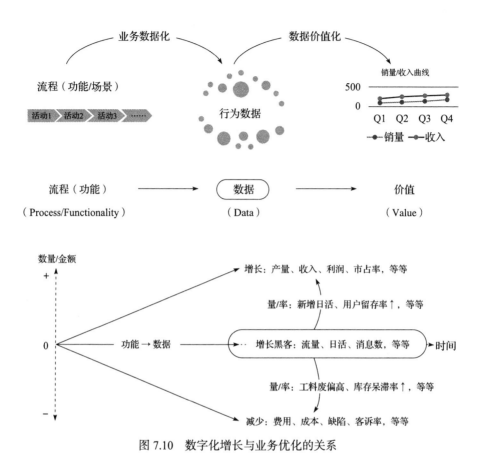

图 7.10　数字化增长与业务优化的关系

增长黑客理论和实践为企业中负责数字化转型的团队用数据赋能业务增长提供了指导。一般而言，业务的增长，比如营收增长、利润提升、产能增加、成本下降、新品研发周期缩短，等等，是企业中市场、销售、生产、研发等部门的事情，可能与数字化转型工作团队没有直接关系。如果数字化转型团队能够找到业务增长与 IT 系统中数据和功能活跃度之间的关系，就可以通过各种策略来提升 IT 系统中数据、流程或功能模块的活跃度，进而间接推动业务的增长，这为数字化转型团队参与企业业务增长提供了一条十分可行的路径，这条路径既能发挥数字化转型团队的专长，又不至于与业务部门发生太大的职权冲突。

案例分析：LinkedIn 用户数从 1 亿到 4 亿的奥秘

根据用户的行为来寻找合适的推广渠道是省钱大法，让你能决定把有限的预算投到哪个渠道。LinkedIn 国际业务部负责人阿蒂夫·阿万曾帮助公司将用户人数从 1 亿提高到 4 亿多。

阿蒂夫·阿万制作了一个简便的用户行为类型表：

人们是否使用搜索引擎来寻找解决方案？
是的话，关注 SEO/SEM。（你习惯在哪里搜索，我就把广告投到哪里。）

现有用户是否通过口口相传的方式和朋友分享你的产品？
是的话，关注病毒营销或者推荐计划。（嗯，我知道你想到了微信红包。）

用户数量增加是否会改善用户体验？
是的话，用病毒式方法。（想想最早的 gmail 注册和开心网的邀请机制。）

你的目标用户是否已经在使用别的平台？
是的话，不妨整合与合作。（凯美瑞在机场打广告的案例你可曾听过？没错，增长黑客方法不是科技公司专用的。）

用户是否具有很高的终身价值？
是的话，付费获取。（平台型公司最爱。）

没错，上面这几个问题看起来很简单，但是在行动之前可在团队内部先做一些自测自问。

Chapter 8 | 第八章

领导力与方法论

从信息化到数字化，企业数字化建设团队的使命和挑战日益多元化。数字化赋予了企业更多的可能，也赋予了企业数字化从业人员更多的选择。在数字化征程中，从业人员将面临来自技术、业务、组织等多方面的挑战，也要不断地加强自我修养。只有不断丰富和更新自己的指南针、定位仪、工具箱、播讲机，才有可能在转型和变革的浪潮中乘势而上。笔者把以上这些思想、方法和工具概括为数字化转型之道、法、术、势（见图8.1）。

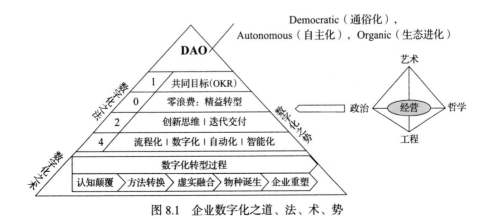

图 8.1　企业数字化之道、法、术、势

所谓"道"，是数字化转型的未来愿景、终极目的或根本规律，它帮助人们找到前进的方向。

所谓"法"，是达成数字化转型的参考路径、策略应用和方式方法，它帮助人们分阶段、有序地推进工作。

所谓"术"，是数字化转型过程的阶段性划分、创新焦点或交付成果，它帮助人们快速找到当前工作的切入点和转型"锚"。

所谓"势"，是"飞流直下三千尺，疑是银河落九天"的气势，也是数字化转型的"统一战线"，它帮助人们在复杂的环境获得组织支持和团队认同。

第一节　数字化之道

数字化之"道",道也是 DAO,是 Democratic、Autonomous、Organic 三个英文单词的缩写,寓意为企业数字化转型的愿景是通俗化、自主化和生态进化。

1. 通俗化

通俗化(Democratic)就是信息技术与人的交互界面应该极简,接地气,所见即所得,用户通过"零学习"就能掌握,也包含数字化支撑下企业与客户交互界面的极简。

人的天性中就有喜欢简单、方便和厌恶复杂的成分。复杂的界面本就违背人性,沉浸在所谓专业技术中孤芳自赏的结果往往是无人问津、封闭,或不被用户信任,最终会导致自我消亡,并必将被用户抛弃。作为数字化转型团队,我们要将简单留给用户,将复杂留给自己。

同样,如果一个企业与利益关联方的交互界面,包括消费者界面、合作伙伴界面、员工界面等,非常复杂,或不够"亲民"或"接地气",消费者将离企业而去,合作伙伴将离企业而去,员工也将离企业而去。

营销专家 Scott Brinker 有一个有趣观点:"每一个市场营销人员都应该是一个 APP 开发者。"根据他的观点以此类推,在数字化时代,很多开发工作将由一般用户完成,这些用户不需要接受专业的开发培训,他们可以根据工作或业务场景的需要自行完成数字化服务的搭建。数字化服务的"平民"化如图 8.2 所示。

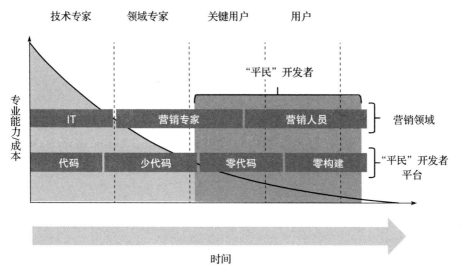

图 8.2 数字化服务的"平民"化

数字化服务的用户界面或企业界面设计得很复杂，要么是设计者能力不够，而故意装复杂则是有病。有生命力的数字化服务和数字化企业，一定是"by the users，for the users"，最终才有可能是"of the users"。

2. 自主化

自主化（Autonomous）指的是数字化服务的自我监控、自我管理、自我预防、自我纠错和自我优化，以及数字化支撑下企业运行的自主管理。

有些信息系统不能长期稳定运行，要么是日志已满，要么是内存溢出，要么是数据库锁表，……这些都是缺乏自我管理的系统和服务。相反，高明的程序员能够在软件设计时就避免这些低级错误。下工治已病，上工治未病，可惜的是，很多 IT 从业人员还停留在"下工"阶段，在软件开发时给自己"挖坑"，然后在软件运行时再"填坑"，而且大都还填得不彻底。

数字化支撑下的企业运行也是同样的道理。企业应该要有自己的"垃圾清理"和"瘦身"机制，也要有自己的"感知"和"免疫"系统。最理想的企业运营应该是"无为而治",不是不作为,而是因势利导,随曲就伸,道法自然。

3. 生态进化

生态进化(Organic)指的是数字化服务和企业运行必须具备类似生物一样的进化能力,通过基于过程的持续迭代和优化,确保自身更敏捷、更精益、更高效。

人工造作的物件基本是耗散系统,随着能量的消亡,如果没有外在能量的输入,耗散系统将逐渐沉寂,并最终消亡。而人作为万物之灵,则具有很强的自我进化能力。在人的一生中,不仅可以通过繁衍生息将生命延续下去,而且不时在与外界进行能量和信息交换,以尽可能地延续其生命,这种交换是生命体无意识的自主行为。

数字化服务和数字化企业是处于物件和生物之间的一种存在,应该具备优于物件,接近于生物的进化能力,从而保持尽可能长的生命力。

通俗化、自主化、生态进化是企业数字化的根本规律性要求,以指导数字化过程的始终,称之为数字化之"道"。

参考阅读:企业家纵论数字化转型之道

2018年8月18日,由用友公司主办,以"数字企业 智能服务"为主题的"2018全球企业服务大会"在北京雁栖湖国际会展中心隆重召开。此次大会,超过4000位来自各行业的企业家、企业主管、专家与学者以及媒体代表齐聚一堂,放飞未来创想,共享数字化创变经验,共建企业数字化、智能化新未来。大会期间,国内外的很多知名企业家或专家学者谈了自己对企业数字化或数字化转型的理解。

用友网络董事长兼CEO王文京先生认为,企业数字化是指运行基于新一代数字与智能技术的各类云服务,通过网络协同、数据智能,连接资源、处理交易、重组流程、赋能组织，融入数字经济，推进企业中研发、生产、营销、服务等业务创新、管理变革，从而转变生产经营与管理方式，实现更强竞争力、更高经营绩效、更可持续发展的进步过程。

新奥集团董事长王玉锁先生表示，数字时代开启企业发展新纪元，人文特征偏好、商业逻辑、企业内部生产关系都改变了，时代呼唤全面、深刻、系统性的变革。新奥集团将重构企业内部生产关系，以客户为中心，员工自驱，数字落地，实现企业、客户、员工共同成长。

传化集团董事长徐冠巨先生表示，供应链服务体系不完善削弱了中国制造的竞争力，所以传化集团的数字化转型从供应链体系创新出发，通过传化网，打造服务制造、物流、商贸企业和园区覆盖全国的供应链服务生态化平台，实现集团生产制造与生产服务的协同发展。

中化集团董事长宁高宁先生表示，数字化转型已无处不在，世界正在走向第四次工业革命，数字技术的角色已转变为推动根本性的创新与颠覆。中化集团将遵循"科学至上"的发展理念，在智能制造、模式创新、数字化运营方面打造"数字中化"，并表示力争在5～10年全面转型为一家科学技术驱动的创新型企业。

亚马逊全球副总裁Dorothy Nicholls先生表示，如今IT发展的两大目标是降低成本以及引领创新和数字化转型。

企业大数据和人工智能专家Mark Van Rijmenam、第四范式创始人兼CEO戴文渊则提出人工智能技术的应用在企业数字化中的重要性。Mark Van Rijmenam指出，人工智能正在成为企业数字化先决条件，但需要一种不同的方法去达成并且要谨慎行事。

第二节　数字化之法

数字化之法，即"1024"之法："1"是一个共同的目标，是企业数字化转型过程中的目标管理方法——OKR（Object and Key Result）；"0"是"精益"企业数字化转型，即转型过程中的零浪费；"2"是企业数字化转型的日常工作常用到的两种方法论——持续迭代交付和创新设计思维；"4"是企业数字化转型工作的"四步曲"——业务处理流程化，流程管理数字化，流程执行自动化和业务决策智能化。

1. 共同目标

企业的数字化转型是个长期过程，期间还可能有很多反复。这个过程要想有效推进，既要在企业内建立广泛的共识，也要平衡好中长期战略目标和短期经营效果，OKR是比较符合上述要求的目标管理方法。

OKR，即目标和关键结果管理，是目标管理（Management By Objective，MBO）的改进版。与传统的目标管理相比，OKR有以下几个特点：

1）愿景和目标导向。OKR中的"O"指的是企业的经营目标，"O"必须是一个方向性、全局性的经营目标设定，要能对业务价值进行精准、简单、易懂的目标化描述。

2）符合SMART原则。目标要能可管理，就要符合SMART（特定（Specific）、可衡量（Measurable）、可达成（Attainable）、相关（Relevant）和明确完成时间（Time-bound））原则。OKR在SMART方面的要求主要通过关键结果（KR）的设定来体现。

3）共识性原则。OKR必须是团队全体成员共同讨论而确定的。这里的全体成员包括客户、管理者和一线员工。

4）目标对齐。OKR 还必须具有层次和逻辑上的相互关联和支撑。员工个人的 OKR 是从团队整体的 OKR 中衍生出来的，团队所有成员的 OKR 总体形成具有严密逻辑关系的 OKR 地图。

OKR 的推行还必须符合持续迭代的原则，每一次 OKR 的推行是一个经营周期，这个周期一般以月度或季度为单位。在每一个 OKR 周期中，包括创建、精炼、对齐、定稿、发布、执行、复盘 7 个环节（见图 8.3）。

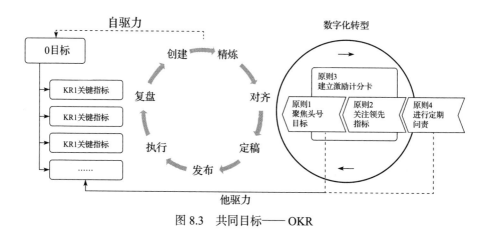

图 8.3　共同目标——OKR

OKR 目标管理方法在很多 IT 和互联网公司，比如英特尔、谷歌、Teambition 等，得到了成熟的应用，并取得了明显的效果，现已成为一种非常流行的目标管理方法。

企业数字化转型中的 OKR 管理还可以和彼得·圣吉所倡导的学习型组织和五项修炼结合起来。企业的数字化转型过程是一个否定再肯定再否定再肯定的过程，需要企业全员首先改变自己的心智模式，要敢于否定和超越自己，在 OKR 的制订时通过愿景领导、团队学习和系统思考来明确未来某个阶段的"O"（目标）和"KR"（关键结果）。

2. 精益转型

所谓精益转型，就是精益思想在企业数字化转型中的应用。在数字化转型的征程中，任何一个企业或个人都没有条件，也不应该"任性"。哪怕是"摸着石头过河"，也应该尽量少犯错误，少走弯路，尤其不能多次犯类似的错误、低级的错误。

在精益创业中，在不确定的情况下，创业团队通过"最小可行性产品"来获得对产品或商业模式等的"真知"，这就是精益思想的体现，企业的数字化转型也是如此。

在企业的精益化转型过程中，需要关注和落实好以下几个方面的要求：

1）团队合作。打造团队精神，提升管理者的个人领导力，为团队建立一个共同的愿景和目标，促进学习、分享和主人翁意识，消除团队认知中的模糊地带，提高团队的协作质量。

2）数据驱动。一切以数据说话，数据是设计客户互动活动和指导业务决策的基础。企业的数字化过程要注重数据收集、分析、学习、计划，实施和重新分析，并基于数据洞察为消费者创造最好的体验。

3）基于"最小可行性产品"来做快速迭代。快速尝试，将失败提前到早期，在失败中学习。

4）快速交付更多的价值。通过多个快速交付周期和不断学习，使用指标管理来建立高绩效团队。快速让企业更具备竞争力，并有机会赢得比赛，还能激发创新思维。

5）客户至上。"客户至上"是企业的战略中心。在数字化时代，"客户至上"就是以客户体验为中心，了解目标人群和客户体验旅程，识别对其有价值的东西并设法满足其需求，始终如一地提供完整的用户体验。

3. 持续迭代交付

假设人们去一家酒店吃饭，点了 8 个菜。大体上，酒店有两种上菜方法：方法一，先在厨房分别把那 8 个菜全烧好，然后一行性端到饭桌上；方法二，在厨房里挑一两个烧起来比较快的菜，烧好后就端到饭桌，以后每烧好一个菜就马上端到饭桌上。从方法论的角度看，前一种上菜方法叫"瀑布法"，后一种上菜方法叫"敏捷法"。采用"瀑布法"上菜，酒店的管理比较简单，店小二也不用频繁来往于大堂和厨房之间，但是吃客要等很长时间才能吃上菜。采用"敏捷法"上菜，酒店方的工作量自然是加大了，但是吃客可以马上吃上菜，酒店方还可以及时咨询吃客对菜品的评价，以了解吃客的口味和偏好，供厨房在烧后续的菜时参考。

企业的数字化转型工作需要的是"敏捷法"，即持续迭代式交付转型成果（见图8.4）。在快速变化和不确定性的数字化时代，显然，"敏捷法"比"瀑布法"更适合时代的变化特点，适应性也更好。

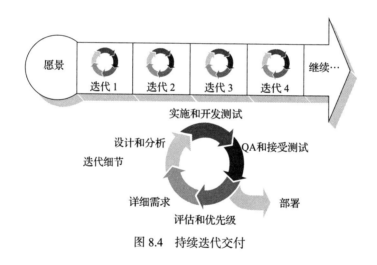

图 8.4 持续迭代交付

在敏捷式数字化转型中，企业把数字化转型的愿景分成多个迭代周期的周期性小目标。在每一个迭代周期内，又分为现状评估、需求分析、方案设计、开发测试和部署反馈等几个阶段。在每一个迭代周期的初期，先回顾上一周期的效果和不足，再在本周期内进行进一步完善。

4. 创新设计思维

企业转型的本质是变革。从变革的深度和广度来看，有渐进式改良，也有颠覆式创新。在快速变化的数字化时代,"打补丁式"渐进改进只能维持企业的"苟延残喘"。要想赢得"新生",企业必须做颠覆式创新,而企业转型所需要的就是一系列的颠覆式创新活动和过程。

颠覆式创新的首要工作是"发现问题",其次才是"解决问题",而要想"发现问题",则必须回到组织和业务的原点。

管理大师德鲁克也有所谓的管理三问,即,我的顾客是谁?我的顾客在哪里?怎么服务顾客?在德鲁克看来,组织和业务的原点是"顾客",更具体地说,是顾客的动机或痛点。所以说,企业转型需要颠覆式创新,颠覆式创新需要创新思维,创新思维的首要是发现问题,发现问题则必须回到业务的原点,而业务的原点位于顾客的动机或痛点,因此,企业转型的一切出发点是如何找到顾客的动机或痛点,进而用企业的产品或服务来满足。从方法论的角度看,这又回到了社会心理学的范畴。

从图8.5可知,创新思维的源头在对消费者行为和客户体验的有效观察,而将这些观察转化为企业的创新性产品或服务,还需要通过人文(可得性)、商业(获利性)和技术(可行性)三个维度的分析,进而,在其中找到三者的交集。

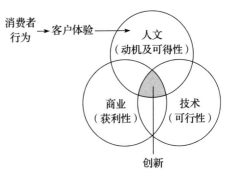

图8.5 创新思维与消费者行为

企业转型不是一个一蹴而就的过程,同样,创新思维也不是简单的"灵光乍现"或"第六感"。如果想将创新思维变成一种规模化、群体性、可重复的工作,还需要有创新思维方法论的支持。在快速变化的数字化时代,这个创新思维方法论应该具备以下几个原则:

1)以人为本,从消费者心理、动机或痛点出发;
2)支持跨组织、跨职能的团队协同;

3）快速迭代，尽早、尽快失败，在失败中获得真知；

4）精益，通过最小可行性产品，以最小的代价获得真知。

为此，很多教育、咨询或服务机构开发了各种创新思维方法论，下面介绍 SAP 公司开发的创新思维方法论，供大家参考。

如图 8.6 所示，SAP 公司提炼的创新思维方法论由 3 个阶段、9 个步骤组成。三个阶段，依次是"发现阶段"，包含理解、观察、共识 3 步骤；"设计阶段"，包含构思、原型、验证 3 个步骤；"交付阶段"，包含开发、测试、部署 3 个步骤。3 个阶段、9 个步骤可以来回重复进行，如在验证步骤中发现有错误或遗漏，将可能需要回到"发现阶段"。

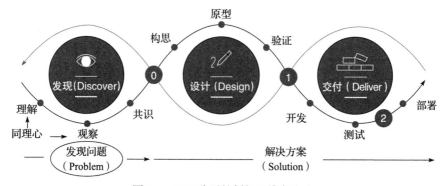

图 8.6　SAP 公司的创新思维方法论

在上述方法论中，要求当事人用同理心（Empathy）去理解和观察消费者的行为，以从中识别出动机或痛点。在"发现阶段"，当事人一定不能有成见或"夹带私货"，不能"师心自用"，有点类似于乔布斯倡导的"Stay Hungry, Stay Foolish"。在"好为人师"的成功商业人士那里，这其实是很难的。通过原型去验证设想，则体现了精益的原则；而整个过程可以循环往复，则体现了跨组织、跨职能协同和快速迭代的原则。

创新思维方法论还可以和迭代交付的软件开发方法论进行融合，其细节见图 8.7，笔者不再对此做过多赘述，读者可自行理解。

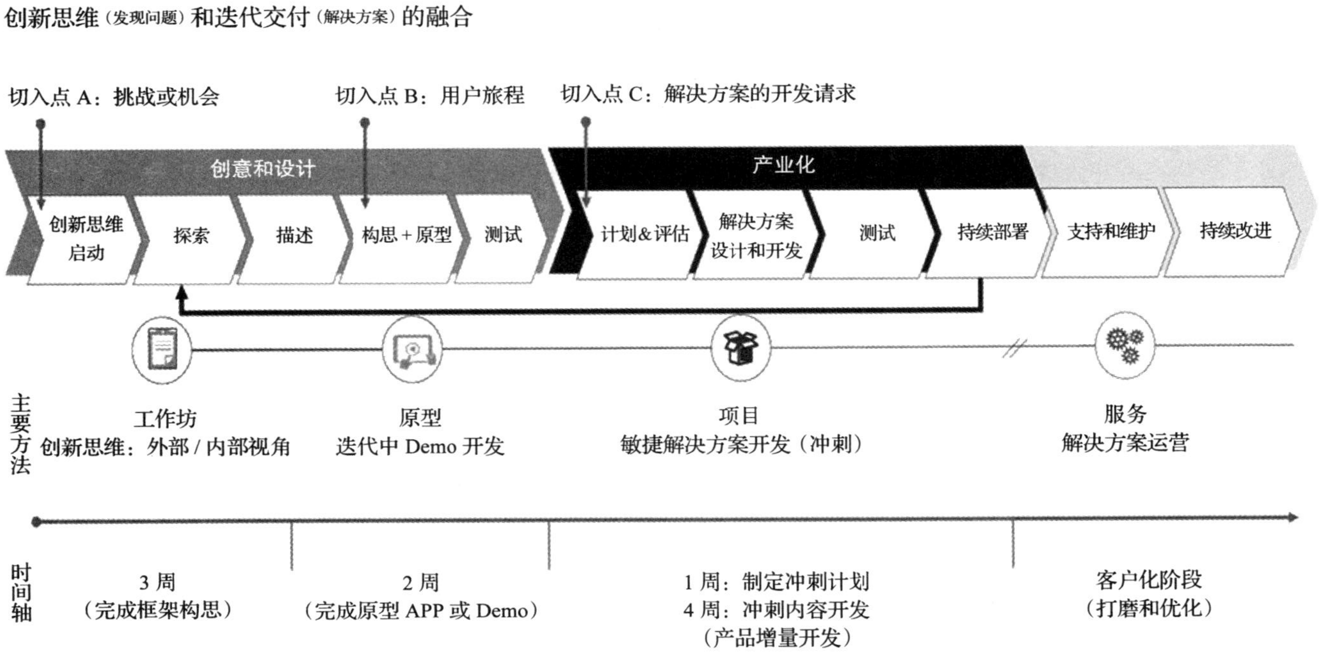

图 8.7　创新设计思维与持续迭代交付的方法融合

5. 四步曲

企业数字化的目的是赢得更多的市场机会和提高运营效率，其四步曲是：业务处理流程化，流程管理数字化，流程执行自动化和业务决策智能化，而把数据当成企业的战略性资产的指导思想则贯穿业务的始终。

相比较信息化时代，数字化的显著特征是一切皆可数字化。在信息化时代，数据的表现形式主要是数字和文本，数据的获得主要靠人工输入；在数字化时代，在物联网和人工智能等技术的支持下，数据采集的广度和细度都大大加强。

在信息化时代，数据被企业当成一种运营成本。为了存储大量的历史交易数据，企业需要花大量的资金来购置备份和存储设备，目的仅仅是用于存档及便于偶然性的查阅。在数字化时代，历史交易不再是负担，而成了企业的战略性资产。阿里巴巴通过对淘宝上的交易数据进行资产化处理，开发出了"芝麻信用"等系列数字产品。

数字资产化后还需要再回到业务场景中去，结合业务场景的需要进行变现。比如说，利用官网或微信公众号的流量数据进行消费者画像和消费者行为分析，进而提高客服处理效率和销售线索转化率，从而帮助企业降低运营成本，提高客户满意度和营业收入。

业务处理流程化，流程管理数字化，流程执行自动化和业务决策智能化，不仅仅是商业意识的觉醒，而更应该成为企业数字化转型的基本战略（见图8.8），使企业进行有目的、有计划、有组织的经营活动，从而将企业转型为数字化原生企业（Digital Native Enterprise，DNE）。

企业数字化转型工作的"四步曲"同样也遵循信息生命周期管理的规律，即从业务到数据，从数据到信息，从信息到知识，从知识到洞察，从洞察到决策，从决策到行动的数据管理PDCA循环（见图8.9）。

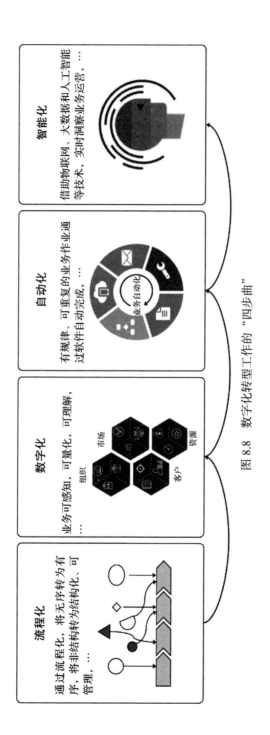

图 8.8 数字化转型工作的"四步曲"

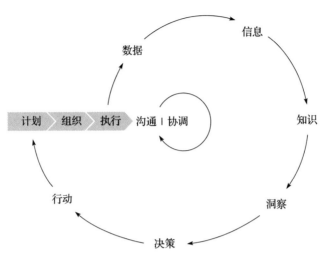

图 8.9 业务智能化与数据全生命周期管理

如图 8.9 所示，数据的生命周期是企业行为的表征，企业从业务执行中获取数据，然后再转化为信息、知识、洞察和决策，进而指导企业经营目标的设定和达成计划的制订，并全程作为组织沟通和协调的主要形式。数据全生命周期的实现和应用水平如何，可以在一定程度上揭示企业信息化建设水平或成效的高低。

（1）数据

业务的数据化，即将业务执行的情况予以数据化，以便于后续的处理和加工，这是数据生命周期的第一阶段。人们通常用准确性、完整性、及时性维度来评价业务数据化的程度（见图 8.10）。

准确、完整、及时，这 6 个字，看似简单，却能凭其立刻判断出企业信息化水平的高低。有的企业，业务数据的采集主要由人工录入来完成，其所能采集的数据量非常有限，采集的数据恐怕连业务的 1% 都不到，

图 8.10 数据质量的评价维度

怎能反映业务运行的全貌？有的企业，库存收发数据的录入要次日才能完成，其及时性怎能满足计划和调度的要求？有的企业，财务月结和报表要次月底才能出具，谈何支持企业决策？更不要说"garbage in，garbage out"之类有关数据准确性的老生常谈。如此种种，都与业务数据的准确性、完整性和及时性等数据质量问题息息相关。

物联网、人工智能、大数据等技术的成熟应用，可以帮助企业大大提高数据在准确性、完整性和及时性方面的质量问题。物联网可以实时、自动地采集产品使用、设备运行、环境状态、物料位置等数据，人工智能可以识别语音、图形、影像等数据，网络爬虫、文本挖掘可以大大提高企业对非结构化数据的采集和加工的效率。即使有这些技术做支撑，业务的数据化，以及数据的准确、完整和及时是企业信息化建设中永远走不完的"长征"。

（2）信息

数据的信息化，就是在一定的时间和空间下，将数据与企业中的业务对象，比如客户、渠道、产品、流程、组织、人员、设备等，进行关联，换句话说，特性背景下具有相关性内涵的数据就是信息。

$$数据 + 关系（Relationship/Relevance）= 信息$$

在数据转化为信息的过程中，如何识别强相关性，如何排除数据中的"噪声"，是非常重要的，否则信息的质量就将大打折扣。换句话说，判断信息质量的主要标准就是其相关性。举例来说，如果要评价一个企业的销售业绩，单看其销量增长是不够的，更要看其市场占有率的增长。如果一家企业的当月销量比上个月增长了10%，这似乎是不错的，但如果全行业当月销量的平均增长在15%，那其实这家企业的销售业绩是比较差的。其背后的原因就是，相比销量增长，市场占有率的增长与销售业绩的相关性更高。

由于采取相关性不强的信息，很有可能导致企业做出错误的推测和决策。21世纪初，美国的次债危机就是因为采用了相关性不强的信息来做金融决策所导致的后果。为此，纳特·西尔弗（Nate Silver）写了一本专著《信号与噪声》，来描述采取质量或相关性低下的信息来做决策所导致的灾难，这就牵涉对数据的下一个生命周期阶段——知识的理解和掌握，因为对信息的掌握还不足以支持企业的决策行为。

（3）知识

信息的知识化，即如何识别信息背后的范式或规律（Pattern），这种范式主要指的是事物之间的因果关系。

前几年，流行一本有关大数据的书，大意是大数据预测不用考虑因果关系，只需掌握相关性即可，这其实是对人们的误导。相关关系和相关关系不是绝对的，其差别是概率。在笔者看来，概率高的相关关系就是因果关系。另外，对外部市场的分析可以只考虑相关关系，但对企业内部运营的分析则一定要做到因果关于，这样才有可能找到消除经营和管理过程中不确定性的途径。

在实际工作中，笔者经常被问起类似这样的问题：如何对业务数据或报表进行深入的分析？就属性而言，信息大概有两类，一类是表示原因的，另一类是表示结果的。信息的知识化，就是要将信息进行分类，并进而在"原因类"信息和"结果类"信息之间找到或建立因果的逻辑关系，这就需要用到两种分析技术：描述性分析（Descriptive Analytic）和诊断性分析（Diagnostic Analytic），尤其是后者。

描述性分析主要讲的是发生了什么？其内容包括噪声监测、数据簇或样式划分、数据分布、均值和标准差分析等，这需要有大量的统计学知识做支撑。

诊断性分析则是描述性分析的进一步深化，它探求的是事情是怎么发生的，为什么会这样发生，亚里士多德的"四因说（形式因、质料因、动力因、目的因）"可以援为理论指导，鱼骨图分析则可以作为一个工具支持。

描述性分析关注的是事物的 What、Who、When、Where 和 How Many/Much，诊断性分析则还进一步关注事物的 Why 和 How。

由图 8.11 可知，信息向知识的转化，其实就是描述性分析进而诊断性分析的应用过程。非常可惜的是，很多企业对数据的应用，至多到描述性分析阶段后就没有深入下去或深入不下去了，其信息化建设的成效也就可想而知了。

图 8.11　诊断性分析

（4）洞察

如果说从数据到信息，从信息到知识，其关注的是过去，是企业中已经发生的事情；而从知识到洞察，则是关注企业的未来，即企业即将可能发生的事情，或者说是对未来的预测和判断，其主要应用形式是预测性分析（Predictive Analytic）和规则性分析（Prescriptive Analytic）。

预测性分析是根据过去的情形和趋势来推测未来变化（见图 8.12），其理论和技术支撑是统计性推理和线性回归等统计学模型，其最典型的应用是生产过程质量管理中的统计过程控制（Statistical Process Control，SPC），即根据样本的表现来推测总体的表现，并进一步预计总体未来的表现。随着机器学习和人工智能技术的发展，除了统计性推理模型外，决策树（Decision Tree）、支持向量机（Support Vector Machine）、神经网络（Neurol Network）、随机森林（Random Forest）等新兴计算模型的应用日益广泛，并催生了预测性设备维护、预测性质量控制、预测性安全管理等业务应用场景。

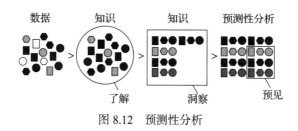

图 8.12　预测性分析

规则性分析则是预测性分析的进一步应用（见图 8.13）。预测性分析还只是预测事物的未来变化，规则性分析则是告诉人们如何影响未来的变化，即为了在未来某个时间可能达成某种期望的结果，当前应该怎么做？

If 我想……（在下个季度销售收入增长 10%、成本下降 5% 等），Then 应该如何做……

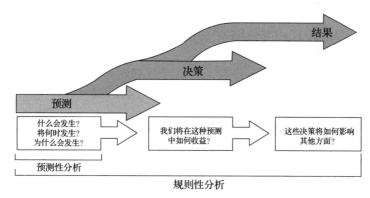

图 8.13　规则性分析

由此可见，规则性分析还需要在预测性分析基础上，加上运筹学模型等的支持。也只有有了规则性分析，洞察才可以转化为决策和行动。总体上，规则性分析的输出是关于业务的优化性建议。

（5）决策

由洞察转化为决策，就是根据预测性分析或规则性分析的结果，来支持企业经营目标的设定或特定活动的选择，是一个由建议（Advices）到选择（Choose）或目标设定（Goal Setting）的过程。

由洞察到决策，或由建议到选择或目标，可以是纯手动、半自动或全自动的过程，数据全生命周期的深化应用就是希望能够逐步提高由洞察到决策的决策质量和自动化水平，这才是"智能+"的核心内涵。

根据涉及的范围和时间的跨度不同，有不同类别和层次的决策。一般而言，全局性的、时间跨度比较长的决策，还是需要在IT系统建议的基础上进行人为调整，以体现经营者的判断、意图和权衡，这是一个半自动的过程；而对于那些局部的、时间跨度缩短到周或天，乃至班次的决策，尤其是操作层面的决策，则可以考虑尽量实现自动化，直接从建议到计划的制订或计划订单的生成，比如预测性设备维护和预测性质量控制等业务场景。

（6）行动

由决策转为行动，就是根据目标的设定来制订企业的经营计划，它的输入是经营目标，它的输出则主要体现在 ERP、CRM 等 IT 系统中的主生产计划、市场推广计划、定价策略，等等。这里的行动，在 IT 系统里体现的是各种计划（Plan）或计划订单（Plan Order），是一个由目标（Goal）到计划（Plan）的过程。

从数据到信息，从信息到知识，从知识到洞察，从洞察到决策，从决策到行动（计划），由计划（行动）到组织，由组织到执行，数据的全生命周期完成了一个循环；接着再在业务的执行过程中采集数据，……，数据的生命周期又进入新的循环，企业的经营在数据生命周期的循环中不断优化和提升。

如果，再进一步，数据全生命周期管理的 PDCA 循环能实现完全自动化，或者只需少许的人工干预，企业数字化转型的智能化阶段就基本实现了。

第三节 数字化之术

企业数字化的本质是进化,进化在过程中酝酿、变革和诞生。在这个过程中,既有文化方面的宣导,又有技术工具的学习,更有组织架构的调整,各种形式的风险和不确定都将出现。作为路径参考或引领,需要在关键阶段有相对应的工作重点和策略,要有关键性的里程碑和事件作为阶段完成的标志。大体上,企业的数字化转型可分为五个阶段:认知颠覆,工具转换,虚实融合,物种诞生和组织重塑。如图 8.14 所示。

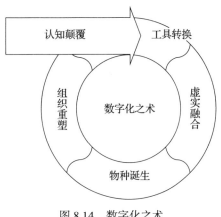

图 8.14 数字化之术

1. 认知颠覆

历史经验告诉我们,那些颠覆性变革要想成功,首先必须改变人们原有的认知。

认知颠覆即彻底地改变人们的心智模式和世界观,包括对用户需求的认知、对产品服务的认知、对业务使能的认知和对数据价值的认知。

(1) 对用户需求的认知颠覆

90 后、00 后的用户需求发生了什么变化?恐怕 70 后、80 后很难理解。如果问 70 后、80 后,甚至 90 后,00 后最喜欢的社交工具是什么?是微信吗?一个 00 后小朋友告诉笔者,他们最喜欢用的社交工具是 QQ,因为 QQ

可以非常方便地搜索和添加好友。

企业最担心的是什么？是不了解自己的用户！90后、00后是在社会高度数字化环境下成长起来的，他们是数字社会的原住民，需求偏好和消费行为带有鲜明的数字化特点。企业数字化转型，首先要颠覆的是企业对用户需求的认知。

（2）对产品服务的认知颠覆

在过去，产品以物理功能和特性为主，即使有虚拟（软件类）特性和功能，那也是红花边上的绿叶，只是辅助角色。在数字化时代，产品或服务中的数字化特性和功能增多，并将成为消费者购买的主要决定因素，反而，其中的物理特性或功能退居到次要位置。

产品或服务中，数字化特性占主导作用的原因主要有以下几点：

➢ 数字化特性更符合人性

人天生喜欢简单和娱乐。对于工具性产品或服务而言，简单意味着人机界面更友好，操作更直观、方便。对于生活性产品或服务而言，其具有基本功能外，最好还有娱乐性。未来很多消费类产品的主要特性是其玩具属性。无论是产品或服务的人机界面的简单化，抑或是娱乐性，软件更容易实现。

在一个供应严重过剩的时代，个人消费品的出路是向个人"娱乐产品"转型，工业消费品的出路是向生产性服务转型。客户需要的不再是产品或服务的所有权，而是使用权的支配，产品或服务的数字化特性将日益重要。

➢ 数字化特性可以快速迭代

软件的迭代周期可以做到一个月、一周，甚至一天，这对纯物理性产品来讲是很难实现的。因为能快速迭代，产品或服务的特性就可以根据用户的需求进行快速调整，从而更贴近用户的需要。

> **数字化特性能以低成本交付**

纯物理产品的更新换代需要重新开发、开模和加工。除了人工，还需要大量的材料消耗。数字化特性的更新换代需要的主要是人工，能以接近于零的边际成本来进行产品或服务的更新、升级。

> **数字化特性更适合社会发展**

纯物理产品的更新换代往往伴随着大量的部件和备件的淘汰，造成大量的能源消耗、物资浪费和环境污染。社会发展要可持续，要求产品和服务的生产消耗要更节省、可再生。可以说，数字化产品和服务更符合未来社会发展中卫生、节能、环保、再生、绿色的理念。

在未来，凡是没有数字化和智能特性的产品或服务都将被社会淘汰，企业要为此提前做好准备。

（3）对业务使能的认知颠覆

有些企业以为上线了一个网站或者APP，就拥抱了数字化，拥抱了互联网。实际上，它们连如何借助这些线上渠道去服务内部运行的优化提升并没有系统的概念。数字化到底对企业的能力具有什么样的革命性改变，数字化到底在哪些方面可以为企业发展使能，企业还需对此做系统性认识。

（4）对数据价值的认知颠覆

很多企业管理者都知道，在大数据时代，数据是企业的战略性资产，但骨子里他们也许并不这么看，他们还是以往的那种惯性思维，至多认为数据可以辅助企业，但还没有认识到数据对企业发展的战略性作用。

颠覆对数据价值的认知，就要求企业的全体人员要像数字原生企业（Digital Native Enterprise，DNE）那样，对数据具有天生的敏感性，时时刻刻，处处在在地将数据的获取、加工、应用等体现到日常的各项工作中，真正把数据当成企业最重要的核心资产和能力之一。

认知颠覆还涉及企业使命、组织架构、决策逻辑、技术应用等方方面面（见图8.15）。比如，将数字化的价值点从注重效率转变为引领创新上来，将组织文化从管控型转变为赋能型，将人力配备以低成本员工为主调整到以高技能专家为主，将决策背后凡事先说"No"或"很难说"的思考逻辑转变为"一切皆有可能"，将产品或服务注重功能为主转变到注重用户体验，项目实施和交付从瀑布式转变为敏捷迭代式，等等。

	传统式思维	数字化思维
策略和目标	注重效率	引领创新
文化	层级与管控	团队与协同
人力配备	低成本	高技能
技术	传统技术	IoT&ABC（物联网/大数据/云计算/人工智能）
用户体验	无所谓	初心和焦点
IT哲学	缺省：No（很难说）	缺省：Yes（一切皆有可能）
项目管理	瀑布式	敏捷/迭代
业务模式	服务与支持	关系与伙伴

图8.15 认知颠覆

另外，企业的全体上下在认知上要有数字化转型的紧迫感。当今世界正处于从工业经济向数字经济转型过渡的大变革时代，数据已经成为驱动经济和社会发展的新资源、新要素、新引擎。产业和企业要摆脱高污染、高能耗、高成本、低效率、低质量、低效益的发展困境，就必须转换企业的发展动能，充分利用数字化手段，改变原有的粗放式生产方式和管理模式，用数字化转型驱动产业和企业发展动能的升级，从建立在生产要素低成本获取上的落后生产方式转型为建立在生产关系和生产方式优化上的先进生产方式来。否则，企业就不可能有进一步的更大发展。

认知颠覆还包括企业基于数字化的战略思维。正如华夏基石的彭剑锋老师所说的，站在未来看未来，将数字化转型作为企业的长期战略，对数字化转型所需要的技术、人才、管理体系的重构，进行长期性战略投入，要有战略定力。

2. 工具转换

人类社会的发展，本质上是工具进步推动生产力增强，从而推动社会发展。工具先进与否，其结果有云泥之别。

旧工具往往解决不了新问题。对于企业的数字化转型，认知颠覆后，首要的就是工具和方法的转换。信息技术发展正面临一个划时代的变革，企业应该积极拥抱新一代数字化技术，用先进工具来武装自己。

拥抱新一代数字化技术，就是通过应用新的信息工具去获得新的机会和可能（见图8.16）。比如，数据采集方面尽可能用物联网技术，数据理解方面尝试用人工智能技术，数据存储考虑云计算模式，数据应用采用高级分析或机器学习，人机交互考虑采用虚拟现实或增强现实，设备或资产的远程控制采用"数字孪生"，产品研发领域采用虚拟仿真和验证，等等。

图8.16 新一代数字化技术

以人工智能技术为例，据埃森哲公司预测，人工智能（Artificial Intelligence，

AI）将在未来几年成为主要的人机交互界面（User Interface，UI）：未来 5 年内，超过半数客户会因企业的人工智能水平而非传统品牌形象来选择企业的服务；7 年内，大多数界面将不再配备鼠标、键盘或屏幕，这些将被整合至日常活动当中；10 年内，数字助手将无所不在，帮助人们全天候开展自身工作，并通过后台默默运行为工作互动提供支持。

3. 虚实融合

简单的物理反应大都只能带来量的变化，只有有机的化学反应才能带来质的变革。

数字化转型不只是一堆技术的堆砌。数字技术要和企业业务进行深度的融合，并频繁地与行业应用进行关联，让更多的商业场景成为可能。比如产品、服务的数字化，交易的平台化，以打造具备全新体验的商业场景、全新的产业形态和经营形态。

数字技术和企业业务的深度融合，需要从实体状态的过程转变成信息系统中的数字，从物理形态（Solid）的数字转变为虚拟形态（Logic）的数字，打通全方位、全过程、全领域的数据实时流程与共享，实现信息技术与业务运营的高度融合。

业务数字化，数字业务化。数据从业务中来，表征业务，通过分析和预算，进而控制和优化业务。如果只是把信息技术当成业务运行的监控和报表工具，信息技术与业务还是两张皮。只有把信息技术融入业务运行中，在过程决策点优化和推动业务的运行，信息技术与业务才算是基本融合。

腾讯 CEO 马化腾将数字化转型概括为："站上来""沉下来"和"用起来"三个关键。"站上来"，就是在数字技术上要"站上来"，也就是前文讲的工具转换。"沉下来"，就是企业的数字化创新需要下沉，进入各行各业的五脏六腑，也就是前文讲的虚实融合。"用起来"，就是企业要跨过数字鸿沟，做好数字产品和服务"向下兼容"，让尽可能多的人能用起来、用得好。

4. 物种诞生

信息技术与业务进行深入融合后，大概率事件是"新物种"的诞生。

"新物种"作为一种全新的事物，将推动企业、行业和社会发展的颠覆性变革。"新物种"脱胎于现有技术和组织，但又不同于后者，并将独立存在。凯文·凯利在《失控》中说："机器，正在生物化；而生物，正在工具化。"无论是机器的生物化，还是生物的工具化，都预示着新物种的诞生。

新物种的诞生是企业数字化转型成功与否的关键性验收标准和"试金石"。新物种有可能是新的方法、新的工艺、新的产品、新的服务、新的员工、新的团队，等等（见图8.17）。通过新物种，企业可以以点带线，以线带面，以面带体，推动企业数字化转型的深入推进。

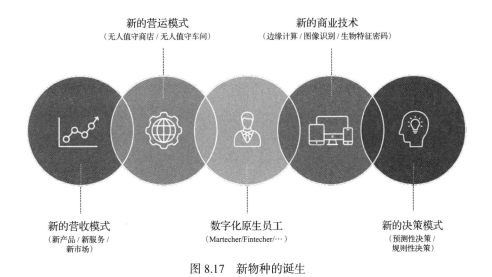

图 8.17　新物种的诞生

5. 组织重塑

随着"新物种"的诞生，企业的产品或服务、组织形态、运营和商业模式都将发生颠覆性变革。用传统的会计学理论和企业价值估值模型已经看不清"羊毛出在猪身上，狗来买单"的企业价值了。

企业应该以"新物种"为抓手，重塑企业的组织形态、运营和商业模式、产品和服务形式，以焕然一新的面貌进入新的发展时期，重新审视市场竞争环境，重新思考数字化未来的企业格局，重新定义并找到企业未来的核心竞争优势、未来的产业竞争地位，从营销、管理、产品及服务等多方位着手行动。

组织重塑是一个系统性工程，相当于给企业"换脑"，重构"经络、骨髓"，它一定是顶层设计，有自上而下的过程，企业家要有破釜沉舟的勇气和决心。

"瀑布式"方法适用的是持续式经营和创新的业务场景，主要解决的是"正确地做事情"。在数字化转型时代，企业面临的更多的是颠覆式创新局面，首先要解决的是"做正确的事情"，其次才是"正确地做事情"。张瑞敏先生在某次大会发言时说："只要方向正确，就不怕路远。"企业经营最怕的是"南辕北辙"。在颠覆性变革时代，企业需要的"颠覆式"方法论，包括认知颠覆、方法转换、物种诞生、组织重塑，等等。其核心内涵都是"颠覆"。

数字化转型是伴随着数字技术的不断发展，不断地利用数字技术重新定义企业的发展模式和业务模式的一个持续的过程。因为数字技术的发展没有终点，注定了数字化转型也只有起点没有终点。

第四节 数字化之势

数字化转型的目的在于重新定义客户价值和企业战略。实现数字化转型的关键在于利用新的技术创造新的、独特的客户体验，打造新的、数字化、智能化的产品或服务，重塑企业的运营模式或商业模式，是一个需要循序渐进并长期变革的过程。

企业的数字化转型不是一个短期项目或计划，需要充分调动全员参与，全力推动，需要从战略、文化、组织、人才和流程等多维度着手开展。华为轮值CEO徐直军认为：要真正打造一个数字化企业，不仅需要CEO和管理团队下决心，坚定不移地推动，同时也要重新思考CIO面向未来的价值和定位。

从组织和机制的角度来看，企业的数字化转型是一场变革，是企业追求新的收入流、新的产品和服务，以及新的商业模式的变革。要实现这种变革，企业不仅需要在流程和技术上进行转化和升级，还需要在组织、文化和领导力上进行重塑。在这场变革的过程中，数字化转型团队可以也应该发挥更积极的作用，这需要他们不断地提升自身的综合素质。概而括之，需要在政治影响力、哲学洞察力、艺术鉴赏力、工程执行力和商业经营力等方面进行修炼。

1. 政治影响力

企业的数字化转型就像一幕大戏，转型团队如果想要在这幕大戏中谋得A角的角色，就要让企业的各个层级，尤其是高层领导，高度认可和大力支持其工作,因此,转型团队必须具备政治影响力。

作为企业转型的推动者,转型团队必须清楚地认识政治影响力的内涵和积极意义,并努力培养自己的政治影响力,从而成为一个有高度影响力的人,以赢得公司各层对数字化转型工作的大力支持。

政治头脑、建立互信、善用网络和自我行销是影响力构建的四个要素,而理解影响力、开发影响力、施展和巩固影响力则是影响力培养的四个步骤,如图8.18所示。在此基础上,数字化转型团队要主动拥抱公司政治,并利用之促使企业和团队目标达成。

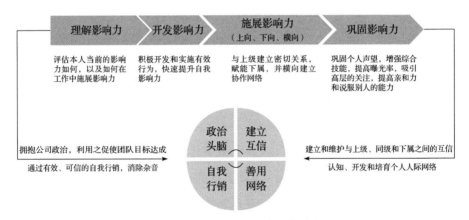

图8.18 影响力的核心要素和构建步骤

2. 哲学洞察力

技术在快速发展,社会在快速变化,两化融合、工业4.0、产业互联网、智能制造、工业互联网……新的词汇,新的趋势层出不穷。同样,企业的数字化转型中也充斥着各种所谓的颠覆、所谓的重构,让人目不暇接。如何在新的事物、新的形势中找准方向,需要数字化转型团队有清晰的洞察力,此时要"学哲学,用哲学"。任何人做任何工作都离不开了解情况、分析矛盾、研究对策这三个环节,而我们讲用哲学原理指导工作,最主要、最经常的,也就是处理好这三个环节的问题，因为哲学最大的意义就是确定原则、指引方向、启迪思路，笔者将之概括为哲学洞察力。

按笔者的理解，哲学的主要研究内容是世界观和方法论。世界观讲的是世界的演变过程及其背后的原因，而方法论则是人们了解世界、适应世界，进而改造世界的方法和路径。庄子讲"吾生也有涯，而无知也无涯，以有涯随无涯，殆已！"庄子的意思应该不是让大家不要学习，而是希望大家学习事物背后的规律。事物的表象是纷繁复杂的，但事物背后的规律是有限的，了解事物背后的规律，就可以以简驭繁。

3. 艺术鉴赏力

如果说商业发展和进步的背后有推手，则技术是一方面，艺术是另一方面。人们对省事、省力、方便、简洁和美的追求，是推动产品和服务变革的心理学因素。企业的数字化转型，提倡以客户为中心。以客户的什么为中心？以客户的体验为中心！客户体验的本质就是产品或服务的艺术吸引力，或者说产品或服务所绽放出来的"美"。再进一步说，要想为客户提供"美"的产品或服务，则要求提供者首先要懂"美"，会用"美"，这就是所谓的艺术鉴赏力。同样，在企业的数字化转型过程中，数字化转型团队也必须具有艺术鉴赏力，这样才有可能提供具有"美"的数字化服务。

与政治和哲学类似，艺术和美是一个很大的话题，笔者只能做一个简单概括。在笔者看来，事物的美主要有四种范式，即简洁之美、对待之美、转化之美和和合之美，如图8.19所示。

简洁之美是简单、朴素、自然、纯真之美；对待之美是黑白相映，前后相随，高下相倾，长短相较，大巧若拙，大成若缺之美；转化之美是由静而动，动极而静，由气而质，出入相生之美；和合之美则是融洽、安顺、有序、静谧、和谐之美。

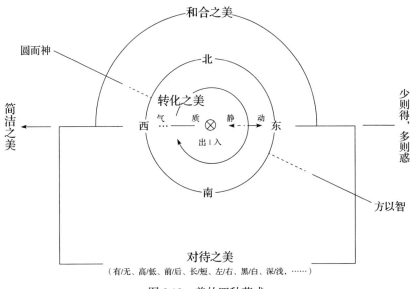

图 8.19　美的四种范式

4. 工程执行力

商业是讲究实用和落地的。如何把无序变成有序，把创意变成产品，在产品和服务交付的过程中实现交期、成本和质量的完美统一，需要有工程上的执行力，而工程执行力的关键是正确的方法论及其应用。因为有方法论的支持，目标的达成才有章可循，其过程才可重复、可量化，进而持续优化，企业的数字化转型过程尤其需要方法论的支持。

方法论的核心组成要素是流程（Procedure）、工具、组织和人员、信息，如图 8.20 所示。人在其中占主导因素，而流程则是方法论能够持续改进的着力点。CMMI（Capability Maturity Model Integration）的有效运行，需要强有力的工程过程小组（Engineering Process Group，EPG）支持，而 EPG 则是工程持续改进中人员与过程的高度融合。

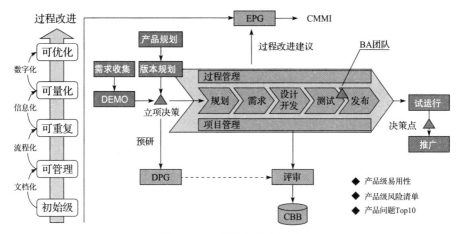

图 8.20　工程执行的方法论

工程执行力的修炼，要求数字化转型团队必须熟练掌握和运用企业数字化转型过程中可能会用到的各种方法论，并在过程中寻找细节，在细节中找到"魔鬼"和"天使"。

5. 商业经营力

企业数字化转型的最终目的还是要为企业发展服务，企业数字化转型工作成功与否的关键是看其是否能够带来企业的增长，比如运营效率的提升、营业收入的增加、商业模式的变革或组织的进化。因而，数字化转型团队也需要具有商业上的经营力。所谓，没有吃过猪肉，也至少要见过猪跑。

商业的经营力，本质上是创新、创造和创业的能力。

商业的经营能力，要求数字化转型团队熟悉企业的商业模式，要以企业发展为工作的唯一检验标准，要以精益的思想贯穿始终，可以尝试失败，但不能铺张浪费。

商业经营力的修炼，本质上要求数字化转型团队有企业家的头脑和思维，将数字化转型当成一项投资和创业行为，并力争投资收益最大化，如图 8.21 所示。

图 8.21 商业经营力的修炼

企业数字化转型过程中，对于数字化转型团队的五项修炼——政治影响力，哲学洞察力，艺术鉴赏力，工程执行力，商业经营力：政治影响力是前提，是"船票"；哲学洞察力是起点，是方向；艺术鉴赏力是催化，是"风帆"；工程执行力是落实，是保障；而商业经营力是综合，是集成。如图 8.22 所示，这五项能力最好是缺一不可，但即使具备其中 3 项以上，数字化转型团队应该也能有所作为。

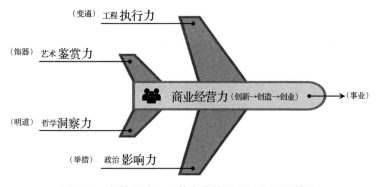

图 8.22 相辅相成——数字化转型团队的五项修炼

Chapter 9 | 第九章

战略与执行

战略管理是实现企业使命与目标的一系列决策和行动计划，任何行动从语义学的角度分析都包含这样几个问题：做什么？由谁做和为谁做？怎么做？在哪里做和何时做？

——彼得·德鲁克

通过前面的章节，企业数字化转型的框架和主要内容就阐述完了，但这还只是一些通用性的规律和范式。落实到具体实践中，每一个企业会有其特定的背景、禀赋和需求，需要制订符合企业特色的专门转型蓝图，也就是该企业特有的数字化战略和执行框架。

企业的数字化战略与执行框架应该包括三方面的内容：①数字化战略，包括数字化愿景、策略与举措等内容；②数字化执行，主要指当前的数字化工作计划，即如何借助数字化技术解决企业当前急需解决的问题，或强化企业的关键成功要素；③数字化绩效，以数字化增长方面的业绩指标为权衡，来动态适配数字化战略与数字化执行的相关工作。

数字化战略是从未来倒过来看现在应该怎么做，数字化执行是从当下的问题来看未来会怎么样，数字化绩效是以数字化增长为导向，将企业的长期目标和短期目标、整体利益和局部利益进行平衡和动态适配。

企业的数字化战略、数字化执行和数字化绩效的制订必须结合企业实际情况，要求企业自身的业务领导和数字化转型团队亲力亲为，可以参考但不能完全依赖第三方或咨询公司来做。当前，有些企业热衷于参加各种论坛，热衷于请咨询公司出高招，热衷于请服务厂商讲方案。必须要着重指出的是，这些做法替代不了企业对自身业务的全盘审视和系统思考。如果采取这种"懒汉"式做法，或者寄希望于厂商的"交钥匙工程"，那只会浪费企业宝贵的时间和资源，企业的数字化转型大业也不可能成功。

对企业而言，数字化转型是一趟"旅行"，它可能要持续数年，甚至十年以上。这趟"旅行"就像开车，需要企业眼望前方，手握方向，脚踩油门，才有可能顺利到达目的地。在图9.1所示的数字化战略与执行框架图中，数字化愿景、策略与举措就是"眼望前方"，数字化执行与赋能就是"脚踩油门"，数字化绩效就是"手握方向"，三位一体，助力企业数字化转型事业顺利达成。

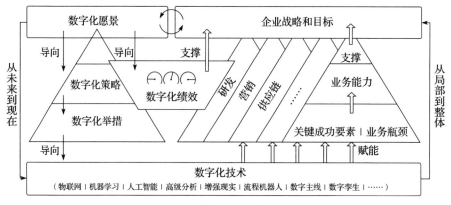

图9.1 企业数字化战略与执行框架

第一节　数字化战略

咨询机构麦肯锡的一份调查报告《McKinsey Industry 4.0 Global Expert Survey 2018》表明，虽然全球的很多知名企业实施了数字化转型试点项目，也取得了一定的成效，但在将试点成果进行推广时，还是碰到了各种各样的困难。这些困难主要有：缺少扩张的资源或知识、扩张成本高、难以证明的商业案例、试点表现出来的商业价值不明显、用例太多、平台太多，等等。针对这些问题，麦肯锡从流程战略化、创新基础设施、组织动员三个维度给出了六个建议：

1）抓住"成本价值回顾"机会；
2）建立清晰的数字化愿景和分阶段路线图；
3）建立全面的、以未来目标为导向的技术垂直架构生态圈；
4）建立并领导一个专注技术的合作伙伴生态系统；
5）自上而下地推动转型，并传达结果和成功案例；
6）弥补能力差距，建设文化使之可持续。

按笔者的理解，这些暴露出来的问题，根本上还是企业对数字化转型缺乏战略性思考，没有明确的数字化愿景和转型目标，而麦肯锡公司的建议也基本是围绕数字化转型战略来展开的。

在著名管理学大师迈克尔·波特的经典著作"竞争三步曲"系列中，对于企业战略，讲了非常多的精彩论述，其中就包括"没有战略的公司愿意尝试任何事情"。用句形象的话来说，没有战略的公司，其企业经营就像"骑驴找马"，走到哪儿算哪儿，工作开展只有短期目标，组织活动有非常大的随机性。对于一个企业而言,战略是方向,而方向来自于选择,先选择不要什么,才有可能清楚地知道自己要什么,所谓"有所不为,才能有所为"。什么都想去尝试的企业,往往一开始可能就是错误的,也无法统一企业内部的意见,也难以形成一致性的行动,常常做短期的决策,从而浪费宝贵的时间和资源。

企业的数字化战略是企业在数字化转型中的战略选择,它一定要贴合企业自身的实际情况来量身定制,照抄照搬肯定不行。在数字化战略的制订上,如果企业寄希望于某个咨询公司或第三方机构来出方案或给高招,那就是懒政,是数字化时代的"刻舟求剑"。

企业的数字化战略服从于企业整体发展战略,并支撑企业竞争策略的落地。换句话说,企业竞争策略是企业数字化战略的主要输入,数字化战略的目的就是用数字化的方法来支持企业竞争策略的落实。

如图9.2所示,首先企业要有整体的发展战略,而整体战略的达成要靠业务竞争策略(Business Competitive Strategy,BCS)或关键成功要素(Key Success Factor,KSF)来支撑。企业的业务竞争策略或关键成功要素可能有多个,制订数字化战略时,企业要综合考虑并将之作为主要的输入,目的就是支撑业务竞争策略的落地。

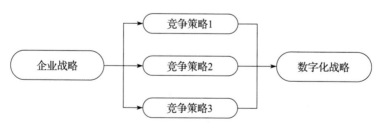

图9.2 企业战略、竞争策略与数字化战略的关系

根据迈克尔·波特的提法,企业的竞争策略有三种:总成本领先、差异化和专一化。这些策略在注重产品或服务的基本功能的情况下还是比较容易实施的。在数字化时代,消费者更注重产品或服务所带来的精神层面的愉悦

感，比如愉悦的客户体验、品牌价值或社群认同感等。因而，作为一种技术禀赋，数字化企业竞争策略的制订通常要考量数字化在产品或服务的创新性和客户体验等方面的赋能，即如何通过数字化技术来提供更好的客户体验，以及应用数字化技术来丰富产品或服务的创新性，通过创新和客户体验来形成差异化。

企业的竞争策略可能有很多种，但与数字化紧密相关的主要是三个维度——市场、技术和组织，三者相互交叉和融合，如图9.3所示。组织与技术的融合与产品创新有关，组织与市场的融合与细分市场有关，市场与技术的融合与客户体验有关。根据上述三方面的融合及竞争策略，可以得出数字化战略在三个方向上的可能：应用数字化技术提升客户体验，应用数字化技术促进产品创新，应用数字化技术聚焦细分市场。这三个方向性建议可以作为企业制订自身数字化战略时的参考，以帮助企业在复杂多变的政治、经济、技术、人文环境和全球化、个性化的市场竞争中赢得竞争优势。

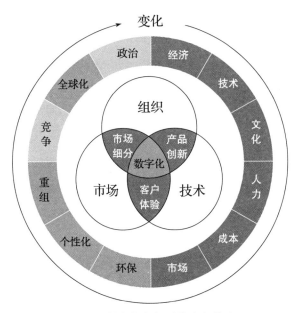

图 9.3　数字化如何赋能竞争策略

需要着重强调的是，企业的数字化战略一定要围绕数据或数字化来展开，这种展开可以有两个层面的侧重：业务运营的智能化和数据资产的价值化。

一方面，通过业务运行流程化，流程化管理数字化，流程执行自动化，最终实现业务决策智能化，这是应用数字化技术实现企业的智能互联运营（Smart Connected Operation，SCO）。

另一方面，通过业务运行流程化，流程管理数字化，数字管理资产化，将数据视为企业的战略性资产，再用数据资产支持企业产品或服务的创新，结合智能互联产品的产品形态，为市场和客户提供基于数字化技术和数据资产的创新型智能互联产品或服务。换言之，以数据为中心的数字化战略，就是以智能互联运营或智能互联产品为中心的业务竞争策略，如图9.4所示。

图9.4 以数据为中心的数字化战略

对于那些耐用消费品、工业及工程装备行业，比如汽车、家电、工程机械等企业，可以综合应用和围绕智能互联运营和智能互联产品或服务来制订自身的数字化战略。对于那些自身产品形态并不复杂的行业，比如饮料、服装、日用消费品企业，也可以以智能互联运营作为发展目标，来制订本企业的数字化战略。

案例分析：华为公司的数字化战略——ROADS

作为一家国际知名的电信设备、消费电子产品和云服务提供商，早在2015年，华为就提出了以ROADS为代表的数字化战略。所谓ROADS，指的是 Real time、On demand、All online、DIY 和 Social 五个英文词语的首字母，同时也可以作为"道路"来解读。

R（Real time），实时。数字化技术的基本功能之一是促进不同区域之间人们的沟通和协作。在用户感知上，这种沟通和协作最好是"零距离"，即整个过程中，没有丝毫或人类可以察觉到的响应延迟。

O（On demand），按需定制。用户可以根据自己的偏好来选择所需的数字化产品或服务，或者更进一步，用户可以参与产品或服务的设计、制造或交付。按需定制也蕴含了精益的思想，在对的时间，对的地点，将对的内容，提供给对的人。在此过程中，没有偏离、冗余或浪费。

A（All online），全时段在线。当数字化学习、数字化工作和数字化生活等成了人类社会的基本形态，数字化产品或服务就会像"空气"和"水"一样，变得分毫不能或缺。全时段在线，就是要确保数字化产品、服务或体验的永远可用和不间断。

D（DIY，Do It Yourself），自助服务。把数字化产品或服务的决定权交给用户，让用户去决定选择何时、何地去使用何种产品或服务。DIY 的进一步发展是企业运营和用户生态的自治和自主。

S（Social），社交和分享。数字化时代中，最显著的用户行为是社交和分享，人人都是自媒体，人人都是导演和演员，人人都是品牌师。通过社交和分享，企业可以建立自己的用户生态圈和粉丝群。另外，社交和分享也是华为落实"以客户为中心"经营理念的举措之一。

ROADS 的数字化战略一经提出，已用于指导华为的产品研发、运营支持等各项工作，并在广大媒体和渠道中得到了广泛传播，成了数字化华为的主要标签。

案例分析：人保集团的数字化战略——智·惠 人保

中国人民保险集团股份有限公司成立于1949年，是一家综合性保险（金融）公司，世界五百强之一，也是世界上最大的保险公司之一，属中央金融企业，在全球保险业中属于实力非常雄厚的公司。公司英文标志为PICC。旗下拥有人保财险、人保资产、人保健康、人保寿险、人保投资、华闻控股、人保资本、人保香港、中盛国际、中人经纪、中元经纪和人保物业等十余家专业子公司。

2018年4月27日，人保集团正式发布"智·惠 人保"数字化战略，将整合集团整体资源向数字化转型。人保的数字化战略包括三个维度的因素，一是"智"，就是要以数字技术作为最核心的支撑手段，充分了解与深入洞察客户，为客户提供最优质的产品和服务；二是"惠"就是要以人民为本，融合多元业务，整合线下和线上资源，普惠大众，满足人民日益增长的美好生活保险需求。

人保强调，数字化战略是人保集团当前乃至今后一个时期改革发展的重要战略之一。人保将从客户体验、业务运营及商业模式三个方面全面实施数字化战略，加速推动客户洞察、运营模式、平台生态等九大数字化转型。为此，人保集团在信息科技应用、新技术布局、商业模式创新三方面持续发力，在移动互联、物联网、大数据、人工智能、区块链、生物识别等多个领域全面开展研究应用，通过数字化重塑努力打造全渠道体验、智能分析、生态系统三大关键能力，不断推动"以客户为中心"的创新与变革，有力支持保险业务稳定增长与公司发展转型。

案例分析：宝马汽车的数字化战略——ACES

在2017年亚洲消费电子展（CES）上，宝马汽车正式推出"ACES"数字化战略。"ACES"即四个英文单词的首字母缩写：Autonomous（自动化）、Connected（互联化）、Electric（电动化）和 Service（共享化）。"ACES"战略的目的是为消费者提供一个更安全、更高效、更便捷、更有乐趣的智能移动出行生活方式。

作为汽车行业的领导者，宝马公司在不断巩固传统汽车行业领导地位的同时，还主动投身到新的数字化和互联世界中。通过"ACES"战略，宝马定义了未来五到十年甚至二十年汽车行业变化的方向。通过 ACES 这个平台，宝马将先进的科技和理念进行展示，让消费者、媒体了解宝马对未来的规划，更重要的是通过未来蓝图，使他们看到宝马现在做的事情，以及怎么样重塑未来出行。

宝马公司表示，ACES 战略涵盖的技术不会由一家公司来完成，宝马会和行业内最领先的企业进行合作，构建一个生态系统。这个生态系统有三个层次：第一部分是保证核心技术由宝马自己内部拥有，比如自动驾驶算法，这代表了公司内部的科研能力；第二部分是三家德系汽车公司共同拥有的，也就是 HERE 高清地图业务；第三部分是属于宝马的供应商，比如英特尔，它给宝马提供必要的产品零部件。这些不同层次、不同模块的生态系统共同组成合作生态圈。

第二节　数字化执行

数字化转型工作不可能一蹴而就，在实践中必然是按照"点、线、面、体"的方式，对岗位层、部门层、企业层、产业链层逐步变革与升级。换句话说，就是先从一些关键的经营要素或作业岗位开始，然后推广到各环节的协同，形成协同功能的模块，再形成数字化企业。最后，以数字化企业为主体，纵向整合价值链，横向形成企业间的协作网络。"点、线、面、体"的演进路径本身也遵循 PDCA 式循环，即，在已有变革的成功基础上，不断地再从"点"开始进行新一轮的"数字变革"螺旋上升循环，像人体的"新陈代谢"一样不断地向更高层次演绎。"点、线、面、体"式数字化转型演进路径就是数字化执行。

企业的数字化执行，是从现在到将来，从局部到整体，从企业现状、业务瓶颈、关键成功要素和能力重塑等角度来看数字化转型的具体落地和推进工作。如果说数字化战略是企业的"诗和远方"，如何通过数字化技术的应用来解决当前的业务瓶颈就是企业中"现实的骨感"。

从业务瓶颈消除入手，从关键成功要素和能力重塑入手，每天前进一小步，积小胜为大胜，企业的数字化建设就不会无处着手。以工业互联网为例，它本身是一个大杂烩，其具体应用的业务场景很多，不同的行业，行业中的不同企业，需要根据自身实际情况来选择。钢铁等流程行业可能比较重视设备的预测性维护、能源管理和环境安全，离散型制造业可能比较看重生产计划和可视化，设备制造等服务型制造企业可能比较关注资产的远程控制，精密和高端制造企业可能关注的是生产过程追溯和产品质量，等等。如图 9.5 所示。

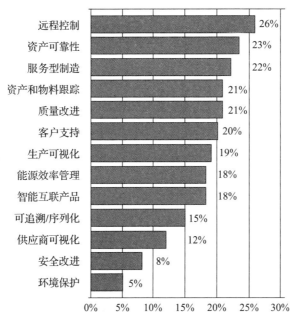

图 9.5 工业互联网应用场景举例

数字化执行的主题是,通过业务运行的数字化来发现和消除瓶颈,实现基于数据驱动的业务运营。根据企业特点,对于营销驱动型公司,比如快速消费品企业,可以从基于数据驱动的市场营销入手;对于产品驱动型公司,比如耐用消费品企业,可以从基于数据驱动的产品研发入手;对于质量驱动型企业,比如汽车零部件企业,可以从基于数据驱动的质量管理入手,等等。

1. 基于数据驱动的市场营销

营销的本质是用户体验。为此,企业需要为消费者提供全渠道的用户触点,提供不同渠道和触点的一致性服务;推荐给消费者有关联性的产品,允许消费者有一定的自主性做更明智的选择,并参与产品的研发和生产,消费者可根据不同的支付方式,灵活地完成支付环节;等等。

从数字化建设角度看,提升用户体验的核心是营销数据中台(用户画像)的建设。用户画像是企业对潜在客户和消费者相关信息的集中加工和应用,包括用户性别、年龄、地域分布、职业、收入、兴趣爱好、触媒习惯、产品偏好、消费行为、消费意图等基本信息和行为信息，对这些信息的深入分析，可以指导企业的市场营销计划、推介活动、产品定价、商务政策，等等。

与用户画像相配套的是用户旅程地图以及触点监控和分析系统。用户旅程地图描述了一个普通消费者从路人，到品牌关注者，再到潜在客户，再到成交变为现有客户，最后要么转为品牌的忠实粉丝，要么转变为品牌的黑粉的整个体验旅程。用户旅程地图是由多个用户触点串联而成的，通过触点监控和分析系统，企业可得知每一个触点的访问流量、停留时间、访客兴趣点等数据，这些数据可用于指导企业的市场营销计划和活动。简言之，市场营销计划和活动的目的是增加各个触点的访客流量和停留时间。流量越大，访客停留时间越长，代表市场营销活动就越有效；反之，流量减小，访问停留时间很短，说明市场营销活动是低效或失败的。综合应用用户画像、用户旅程地图、触点监控和分析等数字化技术，企业就可以实现基于数据驱动的市场营销，市场营销的数字化转型工作就能取得显著成效，如图9.6所示。

2. 基于数据驱动的产品研发

纵观全世界制造业，表现卓越的公司无一不是创新和研发能力突出的公司。经历了过去30年的粗放、快速发展后，中国的制造企业进入了一个新的发展阶段，要想不被淘汰，就必须重视创新和研发体系的建设。

以过程的观点看企业运营，市场、销售和服务，创新和产品研发，制造与供应链三大过程是企业价值创造的主体依托。其中，创新和产品研发的过程期最长，涉及面最广，复杂度最高，有效管理的难度也最大。如果要对企业的创新和研发过程有系统性了解，可以从5个维度来看，即产品（Product）、流程（Process）、人员（People）、项目（Project）和工具（Tool），简称"P4T"。

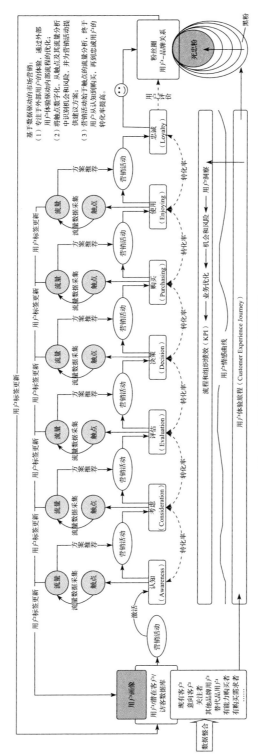

图 9.6 基于数据驱动的市场营销

（1）产品

产品是满足客户需求，承载客户价值的主要载体，是企业创新和研发过程的主要输出。企业的创新和研发过程要想有序、高效，在产品的概念开发阶段，企业就应该对未来的产品有框架性、系统性和结构化认识。借用能力成熟度模型（CMM）的五个层级（初始级、可重复、已定义、可量化、可优化）的划分，企业对未来产品的定义应该达到"已定义"，甚至"可量化"，研发活动才有可能有效推进。

在研发过程的不同阶段，产品定义的结构和关注点也不同，分别有需求结构、功能结构、零件结构、软件结构、工艺结构、资源结构、服务结构等不同形式。

> 需求结构

在产品的概念开发阶段，对产品的定义主要通过产品的需求结构（Requirement Structure，RS）来完成。需求结构是企业对目标客户需求或客户价值的产品化描述和转化。类似于关键质量特性（Critical to Quality，CTQ），需求结构从产品功能、性能、可靠性、耐久性、艺术性、造型风格、人文、感知等角度描述了未来产品的各种特性。对产品需求结构的描述，是产品概念开发阶段关键输出物——概念文件（Concept Paper）的主要组成部分，是研发项目是否进一步推进的评审依据。

> 功能结构

功能结构（Function Structure，FS）是从功能的角度，对产品定义的逻辑性描述，是产品由概念过渡到物理描述或零件结构的中间阶段，是模块化产品研发策略的重要支撑。

"一只青蛙一张嘴，两个眼睛四条腿；两只青蛙两张嘴，四个眼睛八条腿；……"一张嘴两个眼睛四条腿，是某种动物——青蛙的功能结构。由此可见，功能结构从功能逻辑的角度描述了未来产品的定义，是企业对产品的通用化描述。

> **零件结构**

产品功能结构的定义一般在产品设计阶段的初期完成，接下来就要开始产品的物理结构和零件的开发，即人们所熟知的工程 BOM（Engineering BOM）、工艺 BOM（Process BOM）、制造 BOM（Manufacturing BOM）等的开发。随着产品的电子化、软件化趋势，产品中电气电子（Electric and Electronic，E/E）和软件成分越来越多，产品中也有电气电子化和软件定义，这就是产品的电气电子结构和软件结构的开发。

> **资源结构**

所谓的资源结构（Resource Structure，RS），就是从最上游的资源形态的角度来描述产品的原始构成。如果追溯到最上游，大多数工业产品都是化工、五金等资源的衍生品。资源结构可以指导产品研发中的成本估算和轻量化设计工作。

> **服务结构**

随着"产品即服务"或服务型制造等商业模式的日益成熟，客户实际购买的是产品的使用权。为了更好地服务客户，并延长产品的使用寿命，产品的售后维护也成了企业运营工作的重点，产品服务结构的开发就是因此而提出来的。产品服务结构中的内容，不仅仅是备件，还包括服务指令和作业指导、工具、服务网络等内容。

在产品全生命周期的各个阶段，企业从各个角度分别定义产品的需求结构、功能结构、零件结构、电子电气结构、软件结构、工艺结构、资源结构和服务结构。通过这些结构的开发和应用，企业就可以落实"结构驱动的产品研发"（Structure-Driven Product Development，SDPD）的策略，从而大大提高产品开发过程的成熟度，进而提高研发的效益和效率。

（2）过程

产品研发过程是不同阶段、不同形式和内容的产品结构不断迭代、不断进化的过程，每个阶段对应于某种产品结构的定义和开发，每个阶段是由不同阶段（Phase）中的一系列任务组成的，它们有着时间和空间上逻辑关系，有明确的输入和输出的任务集，组成了产品研发过程中的流程子系统。

一般而言，产品研发流程分为多个阶段，每个阶段又包括数个任务，举例如图 9.7 所示。从流程的视角看产品的研发过程，尤其要关注以下两个问题。

> 创新与效率

产品的创新性是产品的竞争力所在，而产品创新首先需要有创新思维，创新思维是一个发散过程。基于不同的团队、不同的视角、不同的路径，才有可能迸发出创新性解决方案。同时，创新也是一个多中选优的过程，只有一个选择，也谈不上太多的创新。因此，产品研发过程中如何解决"集中"与"民主"的矛盾，是产品研发流程设计和开发时需要考虑的首要问题。丰田汽车通过在产品研发的早期——产品设计阶段，采用"多方案并行工程"来解决这一问题，如图 9.8 所示。

丰田汽车的"多方案并行工程"，简单来说，就是某一项任务，同时分配给职能类似的三个以上团队来做，然后从他们的成果中选择一个最优项。从成本的角度看，多个团队分别同时做同一件事情，肯定存在很大的浪费，但保证了工作成果的创新质量。当然，丰田汽车主要在产品设计阶段才采用"多方案并行工程"。一旦设计方案选定后，后续的过程主要还是采取"一个流"的作业，以保证研发过程的浪费消除和高效率。

第九章 251
战略与执行

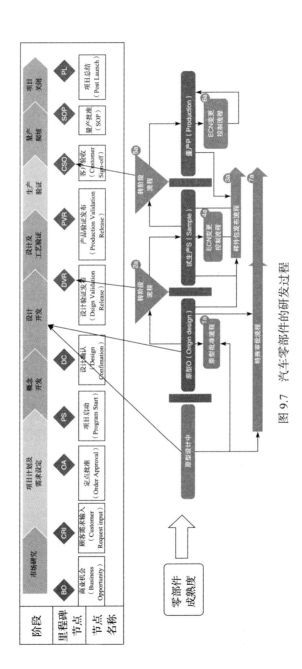

图 9.7 汽车零部件的研发过程

➢ 同步工程

企业中的产品研发,是一个跨职能的团队活动。不同职能的人,因为出发点和看问题的角度不同,关注的焦点,以及做出的判断和选择也不同。为了确保不同团队成员在整体上的目标一致性,开发过程中的同步工程就非常重要。实际上,在产品的开发流程中,不同阶段都设置了里程碑节点,这些节点的主要任务就是做"同步工程"的工作。

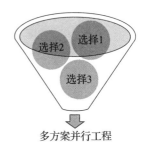

图 9.8　丰田汽车的"多方案并行工程"

(3) 人员

在企业的创新和产品研发过程中,与人员有关的内容有组织、领导、角色、沟通、文化,等等。

在组织结构上,产品的创新和研发过程一般由矩阵式团队来完成,矩阵式团队是由面向产品的"块块"和面向模块或职能的"条条"组成,以兼顾产品研发的针对性和标准化、通用化等要求。在企业研发能力或成熟度较差的阶段,矩阵式团队可以偏向"块块";当企业研发能力或成熟度较高的时候,矩阵式团队可以在"块块"和"条条"之间有一个更均匀的平衡。图 9.9 是 IPD 研发体系中矩阵式研发团队的构成示意图,它由负责产品研发决策的产品战略委员会(IPMT),以及负责产品研发执行的产品组合管理团队(PMT)、产品开发团队(PDT)、生命周期管理团队(LMT),以及技术与平台开发团队(TDT)等组成。

在矩阵式团队中,处于核心领导位置的是产品负责人(产品总监/产品经理),一般是由企业中"C(Chief)"级别的人来担任。产品负责人是企业中的"超人(Super)",他们对市场、研发、制造、物流、服务等领域都非常擅长,从而在产品研发过程中起到领导和整合的核心作用。为了促进矩阵式团队成员之间的沟通,很多企业设置了研发"作战室",如图 9.9 所示。

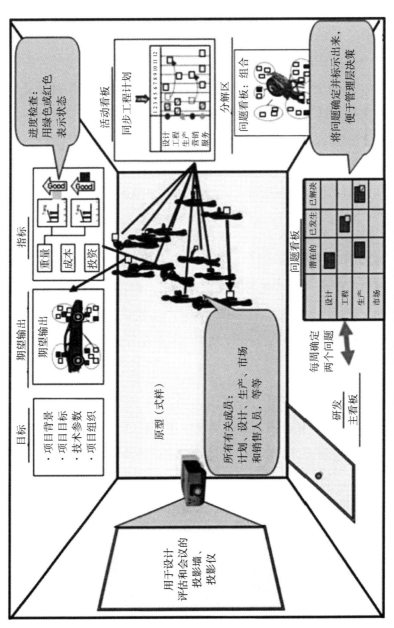

图 9.9 研发"作战室"的示意图

(4) 项目

毫无疑问，项目是企业产品创新和研发活动的基本组织形式，它同样遵循项目管理的要求和规律。企业正是通过项目，将创新和研发过程中的各种要素组合在一起。需要特别指出的是，在应用项目管理技术进行产品创新和研发时，针对不同的行业，其内容或形式有行业化特点，需要对项目管理的知识予以行业化。以汽车行业为例，研发项目的风险管理主要通过潜在失效模式与效果分析（Potential Failure Mode and Effect Analysis，PFMEA）来完成，包括面向设计的 DFEMA 和面向过程的 PFEMA）；采购管理则通过生产件批准程序（Production Part APProval Process，PPAP）来完成……。

(5) 工具

关于美国制裁华为这一新闻，其中的重点部分就是华为的芯片自主能力。华为海思虽然是业内领先的芯片设计公司，但还是离不开 EDA 之类的设计软件的支持。由此可见，技术和工具对产品创新和研发的重要性，尤其表现在虚拟设计和验证，以及数据驱动设计和开发等方面。

> **虚拟设计和验证**

CAD/CAE 等设计和分析工具的有效应用，可以大大提高产品设计开发的质量和效率。实际上，大多数制造业中，都广泛应用了各种设计、分析工具或软件。机械、电气电子、软件等的设计和开发，一方面，利用各种设计软件和工具来提高其效率；另一方面，利用各种分析和仿真软件来替代实物验证，从而大大缩短研发周期并降低开发成本。

> **数据驱动的设计开发**

对于客户需求和产品全生命周期数据的有效利用，有助于提高产品创新性、研发质量和效率。本质上，产品研发是一项群体性创新活动，但创新是建立在"承上启下"的基础上。换句话说，建立在对过往经验教训消化吸收和对未来客户需求趋势洞察的基础上。没有"继承"，就不可能有很好的创新；同样，没有对未来的洞察，产品研发就很可能变成"炒冷饭"。无论是对过去的"继承"，还是对未来的"洞察"，都建立在数据分析和应用的基础上。对客户需求、产品质量、流程变异等的数据分析和应用，同样遵循了数据全生命周期的发展规律。

产品研发领域的五要素——产品、流程、人员、项目、工具，其协同和应用都要基于数据，尤其是基于对客户需求的洞察和测试验证数据的有效运用。

对客户需求的准确洞察是产品创新和研发的"大前提"，如果这个"大前提"不对，后面的一切做法都是徒劳和浪费。乔布斯说客户需求是一门艺术问题，任正非说客户需求是一门哲学问题，马云说客户需求是一个信仰问题，可见要了解清楚客户需求是很不容易的。

有些公司通过客户需求调查来了解客户需求，但得到的认知很可能是似是而非的。我们很多人可能都曾经被调查过，要么所做出来的回答是应付式的，要么是随意性发挥，根据这些所得出的结论，其质量就可想而知了。

丰田汽车的经营哲学之一是"三现主义"，即现时、现地、现物。为了掌握第一手的客户需求信息，在产品开发的预研阶段，丰田汽车的产品研发负责人会带领研发团队花上大半年的时间，去客户现场了解客户的使用情况，亲身感受车辆的使用环境，对同行的竞品或对标车型做数千公里的驾驶体验，……

对客户需求的真正了解，来自于客户的抱怨和投诉，来自于对客户使用行为的观察，来自于客户不经意的交流和对话，来自于数万条以上的维修和索赔记录，……而这些原始数据都需要经过有效的数据挖掘技术处理后才有可能形成有价值的认知。

类似于网联汽车这样的智能互联产品的出现，为企业了解客户需求提供了一种有效的渠道。通过物联网和大数据等信息技术，企业可以实时地监测用户的驾驶行为，收集驾驶行为有关的数据，进而对之进行挖掘，并实现对客户需求的洞察。而类似于电商网站、互联网游戏、社交媒体等数字化产品的改进和开发，也是通过收集用户的使用行为来获取客户需求信息的。

在数字化时代，基于物联网、网络爬虫、埋点技术、文本挖掘等高级分析技术建立起来的客户画像（Customer Persona），可以对客户需求做出系统性的整理，从而为产品创新和研发提供支持。

产品创新和改进的另一驱动力来自对现有产品的测试及其质量表现的洞察。产品中小的质量问题改进，可以通过产品工程变更的实施来完成，大的、系统性的质量问题则有待于下一代产品的开发来解决。

在汽车行业，APQP、FEMA、MSA、SPC等质量工具的推出已有30多年了，但在实际工作中，能有效应用它们的企业则很少。有些企业为了通过OEM厂商的采购资质审核，编制了大量的体系文件，但很少将之用于实际工作的指导。以FEMA为例，它是典型地采用知识管理的思路来管理企业的经验教训和"Know-how"，但在产品开发过程中，能熟练和有效应用FEMA的企业也很少。

有些企业花巨资购置了各种测试和验证设备，但对测试数据的使用还停留在"Case By Case"的水平，尚没有将测试用例（Testing Use Case）和测试结果数据与产品和过程结构结合起来，也没有系统地进行分析和挖掘。

与产品、流程、零件等有关的质量数据，在研发团队全体成员中准确、及时、完整、安全地共享，对于提高每个成员的工作质量至关重要。但因组织、技术、沟通或文化等方面的原因，这些数据并没有得到有效的重复利用。基于工业互联网技术建立起来的"数字主线"（Digital Thread），将产品全生命周期的各种数据整合起来形成一个集中的数据中台（数据库），并以基于角色的 APP 供团队成员调用，可以确保研发团队中数据准确、及时、完整、安全地共享。

概言之，"P4T"五大要素为人们系统地理解企业的创新和产品研发过程提供了指引，以客户画像、数字主线等为主的数字化技术则可支持企业实现基于数据驱动的产品研发，这对于提高企业的创新和产品研发能力具有显著的推动作用。

3. 基于数据驱动的质量管理

当前，中国制造走到了一个新的转折点，即企业发展动能的转型和升级。具体来说，就是从以往建立在生产要素低成本获取上的竞争优势，转型升级为建立在生产方式和生产关系优化基础上的竞争优势，这也是智能制造的本质所在。

社会要向前发展，劳动力成本上升，资源价格上涨，环保要求趋严，市场竞争更激烈等，是必然趋势。企业要想继续发展，其运营管理就必须高度精细化，管理和创新要有效益，尤其是要注重产品研发和产品质量的提升。只有这样，制造大国才有可能转变为制造强国。

谈到质量管理，就有必要对"质量"的定义予以明确。在 IS9000 的体系文件中，"质量"的定义是"产品或服务对客户需求的满足度"。从管理的角度来看，这种定义的指导性和可操作性还不强。我们可以换个角度看，"质量"是与产品或服务过程中的"变异（差异）"成反比，"变异"越小，产品或服务对客户需求的满足度就越高，质量就越好，反之亦然。从"变异"的角度看质量，质量管理工作就变成了控制并消除"变异"的一系列活动。"变异"的定义本身包含标准、量化、衡量等，没有标准，就不能量化和衡量，也就无所谓"变异"了。数据的特点就是标准化、量化和可衡量，所以，企业中的质量管理一定也必须是数据驱动（Data-driven）的，具有鲜明的数字化（Digitalization）特征，并遵循着数据管理的生命周期规律。

产品或服务过程中的"变异"，在不同的阶段，其表现形式是不同的。为了做到端到端的"变异"管理闭环，在6Sigma的质量管理体系中，引入了一个概念：关键质量特性（Critical to Quality，CTQ）。

关键质量特性是产品或服务的某种属性，它对产品或服务的实物质量和感知质量具有直接或间接的关键性影响

——维基百科

关键质量特性贯穿了质量管理的全过程，包括预研和产品计划、产品定义和开发、过程定义和开发、产品和过程验证、量产和持续改进（APQP的五大阶段）。在上述五个阶段中，CTQ的表现形式是不一样的。在预研和产品计划阶段，CTQ表现为产品关键特性（Product Key Characteristic，PKC）；在产品定义和开发阶段，CTQ表现为设计关键特性（Design Key Characteristic，DKC）；在过程定义和开发以及量产阶段，CTQ表现为过程关键特性（Process Key Characteristic，PKC）；在产品和过程验证阶段，CTQ表现为测试关键特性（Testing Characteristic，TKC）；在产品持续改进阶段，CTQ表现为维护关键特性（Maintenance Key Characteristic，MKC）；……

企业中产品开发和质量管理中有四个关键要素：产品（Product）、过程（Process）、人员（People）和项目（Project）。

产品是客户需求的具象化体现，是满足客户需求的主要载体。在这里，CTQ的目的就是将客户需求或客户声音（Voice of Customer，VoC）准确"翻译"成产品关键特性（QS9000体系中的相应工具叫作"质量功能展开"（QFD））。CTQ从性能、可靠性、耐久性、可服务性、艺术性、特征、针对

标准的合规性和感知质量等角度来表述。而且，这些产品关键特性必须是可量化的。以汽车行业为例，人们用 IPTV（6MIS）来表示产品的可靠性，用 IQS 来表示新品的感知质量。在这里，IPTV 表示的是新车交付给客户后最初 6 个月中的千车故障率，IQS 则是通过调查问卷的方式对新品质量做出的统计性评价。

在企业中，产品的表现形式是各类 BOM，比如，工程 BOM、制造 BOM、服务 BOM 等。CTQ 或这个环节的产品关键特性就表现为各类 BOM 中某个项目的属性。

过程是企业中资源转化为产品的一系列活动，是企业实现其经济效益的主要载体。CTQ 对过程质量的定义主要通过过程关键特性（PKC）来实现，即制造过程中，为了保证产品质量或产品关键特性的达成，过程中人、机、料、法、环、测六要素要具有哪些具体要求，及其"变异"的控制和消除方法。制造过程中统计过程控制（Statistical Process Control，SPC）的应用就是典型的例子。SPC 通过 Cp、Cpk、Pp、Ppk 等关键过程指标来评估过程质量。

在企业中，过程的表现形式是新产品开发过程和订单交付过程，比如华为的 IPD、福特的 FPDS、丰田的 TPS、订单交流流程（OTD），等等。CTQ 或这个环节的过程关键特性就表现为各活动或资源的参数或特性。

人员是企业中质量管理活动的主体，是质量持续改善的主观动力所在。在质量管理中，与人员有关的是相关人员的质量责任、权限和任务，而最基本的是质量信息的获取。质量管理或质量决策的前提是相关人员能够准确、完整、及时、安全地获得各种 CTQ 数据。低质量的 CTQ 数据及基于它所做出的质量决策，必将带来产品或过程的低质量。基于角色的 APP 可以为相关人员获取 CTQ 数据提供技术保障。另外，人员在企业中的质量责任和决策最好要以任务的形式体现，才有可能进行 PDCA 的闭环管理，这就与下面要说的项目有关系。

项目是企业中质量持续改善活动的主要组织形式，是链接各类质量活动的纽带。质量管理往往是跨职能、跨时区、跨地域的团队活动，其工作的有效开展必须依赖于高效的项目组织来落实。或者说，具有特定目的、特定时间、特定过程和方法、特定输出物且跨职能的项目组织是质量管理工作的最有效组织形式。企业中的质量管理活动最好或必须以项目的形式来展开。项目管理九要素的有效执行，可以帮助企业做好质量持续改善工作。实际上，汽车行业质量管理中的 APQP 工具，其实就是项目管理中的计划管理；而 FEMA 工具，其实就是项目管理中的风险管理。

以产品、过程、人员和项目为主体的"4P"模型是企业中质量管理的"骨架"，各种形式的 CTQ 则是流淌在这个"骨架"中的"血液"。任何一个 CTQ，都是一个数据对象。对其的采集、清洗、加工、运算、分析、评价、推测等操作都高度依赖于企业的数字化能力。

人们常说，数字化的企业必须是数据驱动运营的企业；企业的数字化转型，就是由面向经验的决策转型为面向数据的决策。因而，企业中质量管理的数字化转型内容，也必然是建立在面向数据驱动基础上的质量计划、控制和持续改进。在其中，端到端全生命周期的 CTQ 是"灵魂"，以数据生命周期的方法对各种 CTQ 进行管理，从而建立基于数据驱动的质量管理，是质量管理数字化转型的落脚点。

案例分析：运用 AR（增强现实）提高制造材料诊断效率

日本巴（TOMOE）株式会社自 1917 年成立以来，一直致力于各种立体结构物、铁塔、桥梁、钢结构等的设计、制造及施工。

自 2006 年起，巴株式会社就致力于利用 ICT 辅助设计工作，并逐步导入了三维 CAD 和自动设计解决方案。但是，对用于结构物的制造材料生产是否符合 CAD 设计图，主要还是采用操作人员目测或使用夹具等人工测量方法对尺寸及角度进行确认，这就存在由漏检等人为因素导致的安装失误等高风险。

从 2015 年 12 月到 2016 年 6 月，巴株式会社开展了基于 AR 技术的制造材料诊断系统概念验证项目，并选择了 TOMOE UNITRUSS 作为试验对象。TOMOE UNITRUSS 是一种广泛应用于连接钢球和钢板的材料，长度在 30cm 至 100cm 左右。在材料组装工序中，新开发的制造材料诊断系统可以利用平板电脑内置摄像头对所要诊断的制造材料进行拍照，并将从照片提取的直线部分数据与三维 CAD 数据用实体模型描述出来的图形在平板电脑上进行叠加比对，从而做出判断。

验证结果表明，制造材料诊断系统操作简单，所有员工都能进行操作，所需时间也大幅缩减。由于基于 AR 技术的制造材料诊断系统能够切实检测出目测难以发现的制造失误及人为因素导致的问题，能够尽早地对材料进行重新组装，从而免去了在后面的工序中进行补检的现象。

概念验证之后，为进一步提高质量，巴株式会社在产品发货前也增加了利用该制造材料诊断系统的检测工序，通过提高图像处理能力实现对钢筋零件等大型材料的诊断。

第三节　数字化绩效

数字化愿景、策略与举措是从未来看现在,是企业的数字化战略和方向;数字化执行、赋能和转型是从局部看整体,是企业当下的工作开展。战略与执行之间的关联和整合是数字化绩效。数字化绩效是从企业运营绩效数字化的角度去看企业的数字化成效,并将数字化战略与数字化执行进行动态适配和对齐(Alignment)。

数字化绩效是对企业数字化转型工作的周期性审视,以确保战略与执行之间的有机关联和"知行合一",即日常执行不偏离战略的方向和轨道;或者,根据实践的执行结果来修正战略的设定;又或者,确保数字化技术与业务发展的有机融合。

企业的数字化转型,既是一场组织革命,也是一项战略投资行为。为了让战略和执行服从于企业的发展,助力于企业经营目标(效率提升、营收增长、组织进化)的实现,必须对数字化的战略和执行进行绩效管理,定期为数字化转型的日常工作"测测速""量量温""算算账"。

数字化绩效是企业绩效管理(Enterprise Performance Management,EPM)的数字化。当前,很多企业的绩效管理存在缺乏数据或数据滞后、绩效指标缺乏可比较性、绩效数据缺乏可追溯性等问题。

1)缺乏数据或数据滞后。有些企业,虽然实施了ERP、MES、CRM等IT系统,但仍然要花大量时间去手工收集、整理和加工数据,以及要花大量时间去反复沟通有关数据的各种问题。有些企业,财务月报要到次月的月底才能出具,根本谈不上用数据来支持实时的运营和决策。这些,都使业务数据在准确性、及时性和完整性上存在问题。

2）绩效指标缺乏可比较性。很多企业即使实施了商务智能（BI）系统，平时还是要花大量的人力去做基础数据的梳理，以及核对各种职能口或业务块的数据并保证数据统计口径的一致性。没有一致的统计口径，就无法对绩效数据做纵向或横向上的比较，也就无法对业务的运行是否改善做出准确的评价。

3）绩效数据缺乏可追溯性。如果绩效数据只是描述了业务现状怎么样，还远远支撑不了业务的持续改进。企业不仅要知其然，更要知其所以然。因此，企业要求绩效数据能够反映业务运行情况的因果逻辑，并能从果到因，或从因到果实现追溯。

由上可知，现今很多管理不佳的企业，都花费大量的人力、物力在做烦琐、低效的数据收集、整理和加工等工作，绩效管理的数字化改进空间巨大，而促进绩效管理的数字化正是企业数字化转型的抓手，是企业数字化转型成效高低的"试金石"，也是企业数字化战略和数字化执行进行动态对齐的纽带。

企业绩效管理的数字化程度高低可以用数字化绩效成熟度模型，从绩效管理的数字化程度和组织范围两个角度来评价，并发现其改进方向。

1. 绩效管理的数字化程度

绩效管理的数字化程度遵循从互联化到可视化，再到透明化、可预测和自适应的演进路径，如图 9.10 所示。

（1）互联化

在互联化阶段，企业系统的各个要素及运行都可用数字来表达。在信息化时代，业务的数字化显现主要通过手工录入来完成，在数据的准确性、完整性、及时性方面都有一定的缺陷。在数字化时代，通过物联网和人工智能

（图像识别、语音识别等）等技术的应用，理论上讲，业务的数字化显现工作可以自动完成，数据在准确性、完整性和及时性等方面有了指数级提高，这将为企业绩效管理打下坚实的数据基础。

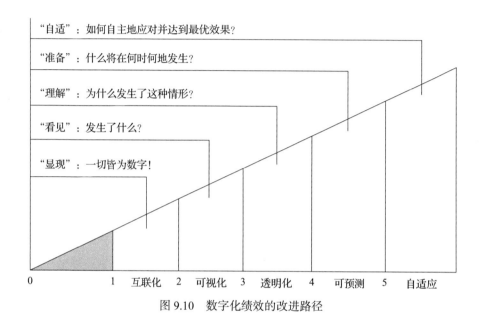

图9.10 数字化绩效的改进路径

互联化也意味着数据统计口径的标准化、一致性和可比较。

（2）可视化

在可视化阶段，企业的运营绩效应该都能以数据的形式显式处理，展现方式有正方图、条形图、饼状图、线形图、Top N 排序，等等。企业运营绩效的可视化也意味着在安全和授权的前提下，可以做到企业范围的高度共享，共享的形式有报表、大屏、消息、邮件等，目的是将绩效指标的表现暴露在"阳光"下。

（3）透明化

在透明化阶段，着重关注的是企业运行绩效中企业系统各要素之间的关系以及企业业务运营和变化的背后因果关系的寻求。在信息化时代，企业能够得到的主要是业务变化和绩效的"How"。面向数字化时代，随着数据数量和质量的大大提高，以及高级分析技术的发展，企业更关注业务变化和绩效的"Why"。有了对企业系统中绩效数据因果关系的清晰认识，企业就业务运行进行持续改善。

（4）可预测

在可预测阶段，重点关注的是业务运营绩效的未来变化，以便企业提前做好应对。在信息化时代，企业对业务变化和绩效的预测主要是通过统计学方法来实现的，比如 SPC（统计过程控制）技术在制造管理中的应用，其在适用范围和准确性等方面还有很大的局限。面向数字化时代，随着机器学习等技术的发展，可供应用的预测技术更加多元化，线性回归、神经网络、决策树、支持向量机等技术在企业的数字化转型中都可以找到适用场景。

（5）自适应

在自适应阶段，企业可以对业务运行绩效的未来表现进行模拟，并在模拟的基础上为达成某种业绩表现提供关于业务运行计划和举措的建议，这又称为规则反应式绩效管理。到了这个阶段，企业的绩效已经实现了一定程度的自主管理。作为数字化绩效的高级阶段，企业可以根据环境的变化做出实时调整，并根据应对措施的效果反馈进行业务计划和举措制订的自学习和算法优化。

2. 组织范围

根据企业绩效管理数字化的五阶段划分，对于企业内不同的组织部门或业务线，其所处的阶段是不同的。为了对绩效管理的数字化程度有一个更具体的认识，以便后续改进优化，企业可以从四个维度、九大视角来对组织范围进行划分（见图 9.11）——资源维度，包括资源的数字化映射和结构化沟通；技术维度，包括数据处理和信息集成；流程维度，包括纵向的执行链，端到端的产品链和资产链，横向的价值链；文化维度，包括变革的意愿和社会化协作。

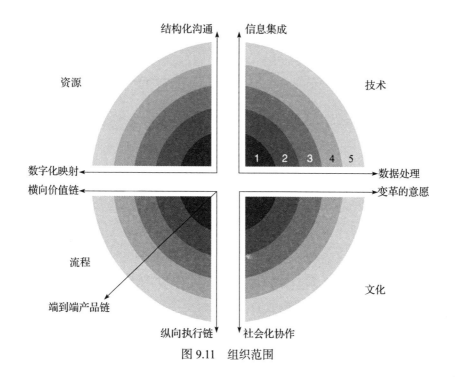

图 9.11　组织范围

资源维度，包括各种物理的、可见的资源，具体如企业员工、机器设备、工具、原材料、半成品、产成品等。资源维度包括两项能力要求：资源的可数字化和结构化沟通，其支撑基础是信息物理网络（Cyber-Physical System），以实现物理世界和数字世界的融合。资源维度的能力是智能制造的基础。

技术维度，主要指信息技术应用能力，包括数据的处理（清洗、加工、存储、运算等）和信息的集成。有些企业，比如实施了 MES 等 IT 系统，也获取了很多数据，但不知道怎么去使用；抑或是，企业中的信息孤岛很多，难以得到业务的统一视图。这是数据处理和信息集成方面的能力不足。技术维度的着重点是建立"数据驱动"的企业。

流程维度，指的是企业内及企业间流程的柔性化和敏捷化。流程维度的主体内容是工业 4.0 的三项集成，即纵向的执行链集成、端到端的产品链的集成，以及产业链上的横向集成。流程维度的智能化，要求确保企业内或企业间的流程既要高度集成又能随机组合,通过高度柔性来实现实时改变或调整。

文化维度,包括企业内各级员工的变革意愿和社会化协作。企业的主体是人,企业的敏捷性最终取决于员工的行为。如果一个企业的文化中缺乏变革基因,企业中的员工不主动拥抱变革,智能制造的愿景就不可能实现。面向智能制造,文化维度指的是企业内信息的自由流动和高度共享,数字化创新方法,扁平化、网络化协作,以及基于知识的决策。

3. 成熟度模型的应用

将数字化绩效管理的五个阶段、组织范围的四个维度组合起来,将之与企业的实际情况做对应,就可以形成类似于雷达图的企业绩效管理数字化成熟度评估模型(见图9.12)。通过这个评估模型,可以对企业当前的绩效管理数字化程度进行评估,并识别短板和改进方向。

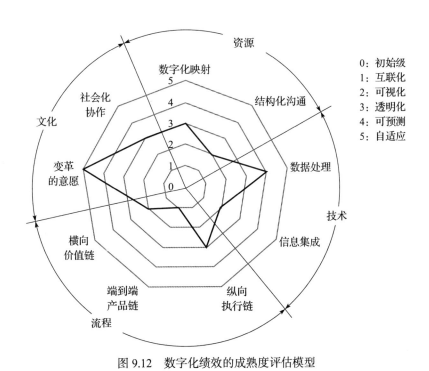

图 9.12 数字化绩效的成熟度评估模型

根据上述评估模型，企业可以对自身的数字化绩效的成熟度进行评估，并寻找改进方向和措施：

1）确定当前成熟度等级。分别从资源、技术、流程和文化四个维度看当前的数字化绩效成熟度等级，即看其分别处于互联化、可视化、透明化、可预测、自适应中的哪个等级。

2）识别需要强化的部分。根据第一步的成熟度评估结果，分别从数字化映射、结构化沟通、数据的处理、信息的集成、纵向执行链、端到端产品链、横向价值链、变革的意愿、社会化协作九大视角去看改进方向。

3）制订具体推进措施。结合第二步所明确的改进方向，根据企业业务战略和优先级，制订具体的数字化绩效推进路径和落实。

从互联化到可视化，再到透明化、可预测和自适应，企业绩效管理的数字化不断完善。自适应式的绩效管理与企业数字化战略高度重合，互联化或可视化式绩效管理可能正是当前数字化建设的重点。因而，从互联化到自适应的数字化绩效发展路径，就像数字化战略与数字化执行之间的联系纽带，确保了两者之间的动态对齐，让企业的数字化转型既立足当下，又着眼未来。

Chapter 10 第十章

小　结

社会在不断变迁，企业要持续发展，员工也要终生学习。如果嘴巴里不时刻念叨着"变革""创新""转型"这些词汇，似乎就不是合格的企业家和管理者，这种现象在快速变化的数字化时代尤为明显。

时代的变化速度太快。有些变化，人们还没来得及理解透，就已经变成了过去式。有人做过统计，美国《纽约时报》一周的报道内容，相当于18世纪生人一生的资讯量；并进一步预测，21世纪互联网一分钟内产生的内容，将超过现代人一生可能经历的资讯量。因为时代变化太快，人们不仅要为当下努力，还要为未来准备。

庄子说："吾生也有涯，而知也无涯。以有涯随无涯，殆矣！"笔者认为，庄子不是教大家不要学习，而是希望大家用有限的时间去学习和寻找规律性、本质性的东西，更不要被纷繁多变的现象所迷惑。找到了规律，从规律的视角看，今天是昨天的主题式延续，明天也将在今天的基础上演变，这样才有可能"执古之道，以御今之有"。

2016年的云栖大会上,马云先生提出了"五新"(新零售、新制造、新金融、新技术、新能源)。2019年的云栖大会上,张勇先生更是提出了"百新"。与之相对比的是,宗庆后先生在接受央视《对话》栏目的采访时,则说"这新那新"是胡说八道。马云、张勇、宗庆后三位企业家都是成功商业人士的代表,他们说的话虽然相互矛盾,但应该都有自己的道理,可能是出发点不一样。

从认知的角度看事物,可以把事物分为这样几个层面——现象、实践、方法、原则和价值,如图10.1所示。

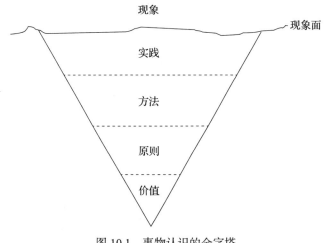

图 10.1 事物认识的金字塔

现象是人们的眼中所见和耳中所闻,现象的背后是实践活动,即谁在什么时候哪个地方做了什么事情;实践活动的背后是做事的方法和原则,比如说事情应该怎么去做;最深层的则是价值,即人们为什么做,按理说任何事物发生和发展的背后都是价值(欲望或利益)驱动。回头再来看上述三位成功人士所说的话,从价值驱动的角度或者商业本质来说,没有所谓的"五新"或"百新",因为商业的本质就是赚钱。当然,企业实现商业价值的方式和方法在不断地发展和变化,因而就有"五新"或"百新",甚至是

"万新"。

人们认识数字化转型，也可以依据事物认知的金字塔，从现象到实践，从实践到方法和原则，直至企业的价值来看数字化转型。如果从企业数字化转型案例，也就是所谓的现象层和实践层，或者从所应用到的、具体的数字化技术等角度去写数字化转型，估计写一辈子也写不完。技术的发展不会停滞不前，社会和组织的变革也没有终点，企业的情形更是千姿百态。对数字化转型的认识，最好还是学习庄子的方法，关键是从"无涯"中找到规律性的东西，找到其中的基本方法和原则，找到其背后的价值驱动因素。作为本书的小结，笔者想从价值和原理等角度，结合工程学和方法论来谈谈对企业转型的理解，也算是给本书画上一个阶段性句号。

所谓企业数字化转型的基本规律（见图10.2），指的是从工程学和方法论等角度看，企业的数字化转型就是从行业或企业的竞争原型出发，接受转型方法论的指导有序推进各项工作，重塑企业竞争力，最终达成企业转型目标的实践过程。企业的竞争原型是"道"，是自然；企业的竞争力是"器"，是实例，是自然之子。

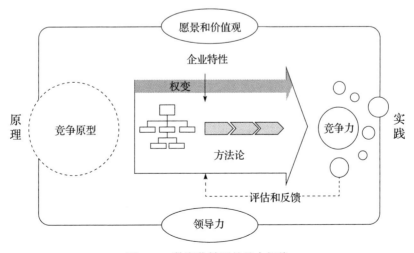

图 10.2 数字化转型的基本规律

企业经营以人为本，企业的数字化转型需要有相应的文化土壤。从这一点看，数字化转型与企业的其他变革相类似，数字化只是手段，变革则是必然，而想不想变，能不能变好，起决定作用的还是人心，也就是人们常说的企业愿景、价值观和领导力。

企业数字化转型的一般性规律，是一个从"理论"到"实际"、从"形上"到"形下"、从一般到特殊、从"道"到"器"的演绎过程。这个过程是以方法论作为指导，以企业的数字化战略和当前业务短板等实际情况作为输入，进行适当的权变的一系列变革活动。

数字化转型的一般规律包含这么几个要素：企业竞争模型、转型方法论、特性和权变，以及转型用例和实践结果（竞争力），等等。其中，企业竞争模型是转型的"母亲"，企业特性和权变是转型的"父亲"，方法论是"助产士"，转型用例和实践结果是"胎儿"。

1. 企业竞争模型

模型是一种叫法，还有很多与之具有类似内涵的词汇。比如实相、道（Dao）、玄牝、易、样式（Style）、模板（Template），等等。在社会生活中，"周易象数"模型、中医藏象模型、物联网 PaaS 平台、汽车产品结构系统，等等，都是模型，可用于指导人们的生活实践。

模型是众多事物共同特性的提炼，是对物体和事情的抽象与模型化，类似于逻辑学中的归纳和总结，异中求同，透过现象看本质，从而发现现象背后规律性的东西，以指导下一次实践活动。行业和企业竞争模型（见图 10.3）就是上述模型的一种，"模型"是主语，"竞争"是修饰。

人们说数字化转型要"以客户为中心""以客户体验为中心"。实际上，"以客户为中心"或"以客户体验为中心"的目的就是重塑企业的竞争力。

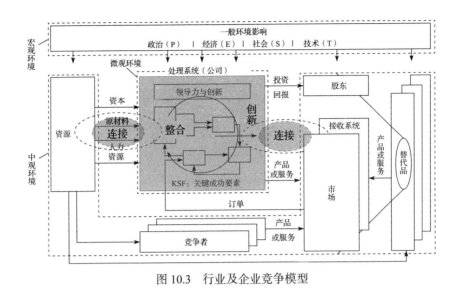

图 10.3　行业及企业竞争模型

借助企业竞争模型，可帮助企业对竞争形势和竞争优势所在做出清晰的认识，为进一步的行动计划和举措提供方向性指导。

（1）竞争形势

从行业及企业竞争模型图可以看出，企业要想和客户"谈恋爱"，首先要接受法律法规的监管和约束，其次要面临同类产品或服务的竞争者的竞争，再次要受到来自于替代品提供企业的竞争。如果客户觉得竞争者的产品或服务更好，或者客户觉得替代品更好，那么，企业就没戏了，就会被客户替换掉。

（2）竞争优势

企业要想赢得客户的青睐，本质上还是要靠自己，即靠自己产品或服务的创新性，靠自己整合资源的能力，靠自己连接上游资源和下游市场的能力。企业中产品或服务的"新度"，资源转化的"效度"，资源和市场连接的"广度"，组合起来决定了企业的竞争优势。

环境和市场是动态变化的，行业和企业竞争模型也值得企业天天看、时时看，始终对自己所面临的竞争形势和所保有的竞争优势有清醒的认识，以便做出针对性决策和举措。

2. 转型方法论

和其他方法论一样，数字化转型方法论也是由相应的要素组成，即 P4T（Product，Process，People，Tool，Project/Program）。实际上，几乎每个方法论都包括也应该包括这几个要素，如图 10.4 所示。

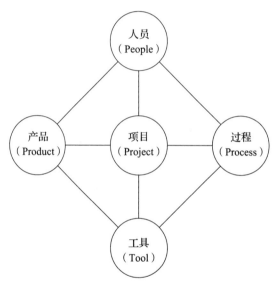

图 10.4 方法论的基本要素

（1）产品

产品是转型工作的阶段性成果及最终成果的层次和数量结构。产品用倒状树形层次结构的方式告诉人们在转型过程中期望产生哪些过程交付物（Deliverable）以及最终成果（Outcome）。按照目标管理的 SMART 原则，一项工作或项目如果要可管理，就应该在准备和计划阶段就把它们的阶段及最终成果梳理出来，再推进时才能"以结果为导向"来开展各项工作。

产品所描述的内容是转型工作的输出和目标。

（2）过程

过程以时间轴的推进顺序，定义了事物从原型到实例，从酝酿到设计、开发、构建、交付、运营等阶段的演绎历程。过程可根据工作内容分为若干个阶段（Phase），每个阶段包含若干个任务（Task），任务有它的输入和输出，有些输出的结果（Deliverable）就是产品结构里的某项或某几项内容。

任何事物，从无到有，从初到成，都必须经历某些过程。事物从有到优，则是在过程中不断进化的结果。过程有有序和无序、优等和劣等之分。能力成熟度集成模型（Capability Maturity Model Integration，CMMI）分别用初始级、可定义级、可重复级、量化级、优化级五个等级，从无序到有序，从劣到优定义了过程的质量改进路径。

没有过程，同样也谈不上管理。就如同CMMI所描述的，只有达到了可重复级阶段，过程管理才能从"人治"变为"法治"；而到了优化级阶段，过程管理才可能从"人工干预"进化到自计划、自组织、自协调、自适应的智能阶段，才能从"必然王国"走向"自由王国"。

（3）人员

人员定义了哪些工作由谁来做（岗位和职责，Position and Responsibility）、什么样的人（胜任度，Competence）来做等问题，以及向谁汇报并寻求资源支持（汇报、监督、支持和升级机制，Reporting, Monitoring and Supporting and Escalation）。

如果责任人空缺或做事情的人能力不够，需要有相关组织来负责当事人的招募及其能力的培养、训练和资格认定；如果责任人做事情的意愿不强，甚至带有负面情绪，需要有相关部门通过检查、问责、激励等手段来确保当事人有足够的意愿把事情做好。只有当事人的能力和态度都没问题，过程中的每项任务才有可能按预定要求完成。

（4）工具

工具包括信息、软件、表单、报告书、点检单、知识库、作战室，等等。工具的应用有助于加快工作效率。

人类社会的发展史，既是人类适应自然、改造自然的历史，也是生产、生活工具的创造史。在方法论中，工具的作用有二：一是将好的经验工具化，规模化提高当事人的工作效率；二是通过工具的强制性应用，规避当事人的无纪律、随意性等人性弱点。

懒惰、无组织、无纪律、随意、讨厌复杂等，是一般人的天性，而管理的使命在某种程度上就是与人的劣根性做斗争。通过将知识和经验予以工具化，既可以借助工具来确保知识和经验（最佳实践）的强制应用，也可以保证工作效率的提高，从而获取一举两得的效果。所以，人们常说，企业管理要规范化，规范管理要过程化，过程管理要工具化和透明化，才有可能在工具化和透明化的基础上做到量化及优化。

（5）项目

项目是以4W1H（What，Where，When，Who，How，即做什么，在哪做，何时做，谁来做以及怎么做）的结构，将产品、过程、人员和工具等方法论要素组合在一起，从而形成一个有明确输入和输出、有空间层次和时间顺序、有数量结构和评价方法的工作包。

在上述组合和工作包的基础上，项目还通过其通用的九大领域管理方法——范围管理、时间管理、成本管理、质量管理、人力资源管理、沟通管理、采购管理、风险管理和整体管理，应用到转型工作中，有助于工作按计划的时间、质量、成本和目标等要求达成。

3. 特性和权变

每一个组织会有自身的特殊性，每一个数字化转型项目就需要针对组织的特性做权变。在数字化转型过程中,如第九章所述,组织的特性可以用组织的数字化战略和数字化执行来描述。数字化转型过程中的权变,又可概括为"化裁"和"推行",如图10.5所示。其中,"化裁"即"变化"和"裁剪","推行"就是在实践中看它们是否行得"通","不通"则继续"化裁"。

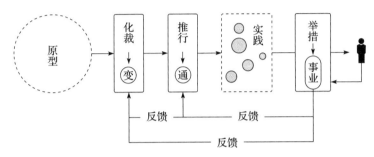

图 10.5　数字化转型中的权变

"化裁"的目的是"变",就是要有具体性、针对性和适合性。实践过程中的情形是多种多样的,因时、因地、因人、因事,都会有不同,搞"一刀切"是懒人的做法,肯定不行,所以要通过"化裁"来达成变化,从而实现适用。

"推行"的目的是"通",就是要能够贯彻得下去,而且大家都能接受。经过"化裁"之后的"变化"只是理论上的,是否真的适用,还需要实践的检验,不合适的还需要回炉到"化裁"阶段去做进一步调整。

"举措"的目的是"事业",就是能够给人们带来实际的效用。疲劳、苦劳永远不是功劳。企业实践最讲究的是效用。如果不具有实际的效用,客户不会买单,企业也不可能发展。

实践是检验真理的唯一标准。数字化转型中的实践,一是"推行",看它是否行得通。如果推行不通,那就还需要进一步"化裁"。二是"举措",看社会、组织或客户是否能够从中受益(也就是前文所说的"数字化增长"）。如果社会、组织或客户没有从中受益，或受益不多，那就要么是"推行"的问题，要么是"化裁"的问题。

对于转型中的权变而言，组织的数字化战略和数字化执行是输入，社会、组织或客户是否受益是输出，化而裁之、推而行之是具体的手段。

4. 转型用例和实践

（1）主客相杂

人们通过感知所认识到的事物，都是绝对客观的吗？显然不是。对同一事物，不同的人有不同的认识，这是因为观察者在观察事物的过程中避免不了掺杂自己的感情因素或成见。人们在观察风景的同时，自身也成了风景的一部分。

（2）千人千面

正因为日常生活中人们在待人接物时掺杂了主观因素，事物才变得纷繁复杂。张三喜欢的是圆，李四喜欢的可能就是方，方圆之中方见人生百态。生活中熙熙攘攘，人来人往，但在人流中永远不可能找到一模一样的你和我。正因为这种多样性，人生才变得有趣，企业的创新和经营活动才存在着各种可能。

（3）动态变化

"器"的具体存在是动态变化的。人不能两次踏入同一条河流，同样，今天的你我也不可能重复昨天的故事。正因为"器"的动态变化，所以人们要用变化的眼光、发展的眼光去看身边的每一件事物。昔日的对手可以握手言和，往日的同志也可能分道扬镳，好的事情可能变坏，坏的事情也可能变好。

（4）受限时空

"器"的具体存在是受制于时空的。孔子的"从心所欲不逾矩"，这个

"矩"很大部分是指当前时空下的限制。所谓天时、地利、人和，讲的都是当下时空的各种条件。

如果说行业和企业竞争模型是"道"，那么，企业数字化转型用例和实践就是"器"，是企业在数字化转型中的具体选择，即选择什么样的数字化战略，选择从哪些领域切入，选择应用什么样的数字化技术，选择期望达成的目标和结果，等等。

"一千个人眼中有一千个哈姆雷特"，企业的数字化转型用例和实践也是如此，不胜枚举。转型用例和时间是形而下的"器"，是一棵树的"枝"和"叶"，是企业竞争力的具体表现，它的根本不会脱离行业及企业竞争模型所涵盖的范围。

5. 方法论的方法论

方法论只是一种路径，是人们达成目的的手段和工具。但凡是手段或工具性的事物，都有先进性和适用性的问题，也有与时俱进的问题。

时代和环境在变，方法论有可能过时。应用不切时宜的方法论，不仅不能提高工作效率，还有可能影响人们对事物的正确认知，最大的危害是导致人们对事物形成错误的认知。另外，因为对象不同，方法论有可能不适用；应用它可能反而成了一种束缚，对目标的达成起到负面影响。

为了保证方法论的先进性和适用性，对于方法论本身，也需要有系统性的方法来进行定期检讨、修订和完善，这就是方法论的方法论（见表10.1）。

大规律管小规律。大规律少而简单，小规律多而烦琐；大规律是主干，小规律是枝叶；大规律更贴近事物的"本质"，是形而上的东西；小规律更贴近事物的现象，是形而下的东西。方法论是小规律，方法论的方法论是大规律，是真正的哲学。

表 10.1　方法论的方法论

步骤		主题内容			方法和工具
		物理	事理	人理	
1	认知更新	1. 信息技术是否发生了新的变化；2. 工具库内容是否有新的更新	1. 市场环境和企业经营目标是否改变；2. 企业组织、运营和经营模式是否改变	1. 用户群体的构成是否变化；2. 用户的行为偏好和特点是否改变	头脑风暴会
2	要点提炼	对方法论中的工具链和信息传递有哪些影响	对方法论中的流程运行内的阶段、活动、表单等有哪些影响	对方法论中的人员与组织、绩效与问责有哪些影响	对照鱼骨图
3	方法重构	更新方法论中的工具链，必要时组织专题培训	仅围绕目标达成，重构方法论的整个过程	针对变化后的组织形态和用户行为设计新的人机界面和激励机制	过程建模原型图
4	时间验证	1. 在实践案例中应用重构后的方法论；2. 评估新方法论的应用效果和瑕疵点；3. 针对评估效果对方法论进行修订和完善			DOE、用户满意度评估

应用方法论的方法论，要周期性地（至少每年一次）结合企业内外部社会、市场、技术和组织环境的变化趋势，站在哲学、社会学、心理学、管理学等角度对现有方法论的使命、目标、组成和应用效果进行重新审视和修订。

掌握了行业及企业竞争模型的精髓，掌握了方法论的基本范式，掌握了企业特性和权变的有机结合，人们就可以根据工作的特殊性，自行开发出适用于问题解决的各种针对性方法论。假设有所谓的转型之"道"的话，这些就是"道"。

后　　记

用世界观的说法，笔者认为，未来的企业将变成"企业部落"，而实现"企业部落"的方法和过程就是不断地迭代及进化。

在"企业部落"里，人类和"智物"是平等的存在，人并不处于绝对的支配地位，而必须学会平等地与"智物"沟通和协作。可能有人对此类说法嗤之以鼻："'智物'是人创造出来的，它们应该是人的奴隶，怎么可能和人处于平等的地位呢？"

当人们习惯了网上点餐和叫外卖，习惯了自动驾驶汽车出行，习惯了机器人打扫房间，习惯了机器人加工和装配，习惯了机器人或无人机配送，……人们的其他功能将逐渐退化，就像人类从山谷和森林中走来，但人类已经不能像猿猴那样攀岩，不能像麋鹿那样奔跑。"智物"成为人们生活中不可或缺的存在时，它们自有一套行为方法和准则。

在"企业部落"里，人类和"智物"都是平等的"原住民"，它们各司其职，分工协作，平等相处。因为合理的分工，整个"企业部落"的利益才能最大化，"企业部落"中"原住民"的利益才有可能最大化。

大一些的企业，或者说平台型企业，比如，谷歌、Facebook、阿里、腾讯，等等，将演变成"企业国"。平台型企业，就像生活中的阳光、雨露、空气和水，成为人们工作和生活中时时处处不可或缺的存在。

世界在不断变化，万物在不断迭代和进化。世界上的存在，基本分为生物和非生物。非生物，比如石头，基本只具有物理功能；而生物，则具有物理、生理、心理等功能。生物的等级越高，生理和心理的功能越强。何为生理功能？即感知。何为心理功能？即神经和思维。在物联网、人工智能等技术的加持下，"智物"也能具备一定的感知、神经和思维能力。因此，未来世界可能有三种存在：人类、"智物"和非生物。世界的发展将由人类和"智物"共同主导，具体来说，复杂性、无经验可循、创新性的问题将由聪明的人类来处理，日常性、重复式、一般性事物则将由"智物"来承担。

企业现有的组成（如设备、物料、产品等）原本是物理性的存在，但将不断迭代和进化成"智物"，迭代和进化的内容是"智物"的感知、思维和选择功能，主要的支撑就是数字化技术的发展，而迭代和进化的速度，取决于数字化技术的发展速度。

企业的发展支撑在人，发展的目的也在人。只有有利于人类福祉的企业，才有存在的必要。人类的需求无非物质需求、生理需求和精神需求三个层面。当前，物质需求满足、生理需求满足和精神需求满足分别是由不同的企业来完成的；将来，物质和生理需求有限，精神需求无穷，很多产品或服务不仅是生活工具，更多的是娱乐工具，人们的物质需求、生理需求和精神需求有可能由同一个企业来完成。

未来企业应该与人和谐，与"智物"和谐，与环境和谐，在实现和谐的过程中平等沟通和协作，在和谐发展中动态平衡。整体远远大于局部之和，企业内外部的协调发展，可以借鉴中医中相生相克的系统思维，以及共生、共长、共荣的生态思维。

与变化做朋友，变化就可能为我所用，我们之事业才可能长久；与简单做亲戚，简单易于被人们遵从，我们之事业才可能远大。

参考文献

［1］迈克尔·哈默，詹姆斯·钱匹. 企业再造［M］. 小草，译. 南昌：江西人民出版社，2019.

［2］彼得·圣吉. 第五项修炼［M］. 张成林，译. 北京：中信出版社，2009.

［3］闵建蜀. 易经的领导智慧［M］. 北京：生活·读书·新知三联书店，2013.

［4］王璞. 流程再造［M］. 北京：中信出版社，2005.

［5］约翰·科特. 领导变革［M］. 徐中，译. 北京：机械工业出版社，2014.

［6］迈克尔·波特. 竞争战略［M］. 陈小悦，译. 北京：华夏出版社，2005.

［7］高建华. 赢在顶层设计［M］. 北京：北京大学出版社，2013.

［8］吉尔里·拉姆勒，艾伦·布拉奇. 流程圣经［M］. 王翔，杜颖，译. 北京：东方出版社，2014.

［9］王树人. 回归原创之思——"象思维"视野下的中国智慧［M］. 南京：江苏人民出版社，2005.

［10］曾鸣. 智能商业［M］. 北京：中信出版社，2018. 11

［11］谢德荪. 源创新——转型期的中国企业创新之道［M］. 北京：五洲传播出版社，2012.

［12］凯文·凯利. 技术元素［M］. 张行舟，余倩，译. 北京：电子工业出版社，2012.

［13］魏江，邬爱其. 战略管理［M］. 北京：机械工业出版社，2018.

［14］彭俊松. 智慧企业工业互联网平台开发与创新［M］. 北京：机械工业出版社，2019.

［15］凯文·凯利. 失控：全人类的最终命运和结局［M］. 北京：新星出版社，2010.

［16］老子. 道德经［M］. 合肥：安徽人民出版社，1990.

［17］德内拉·梅多斯. 系统之美：决策者的系统思考［M］. 邱昭良，译. 杭州：浙江人民出版社，2012.

［18］ 成中英. C 理论：易经管理哲学［M］. 上海：学林出版社，1992.

［19］ 尼古拉斯·尼葛洛庞帝. 数字化生存［M］. 胡泳，范海燕，译. 北京：电子工业出版社，2017.

［20］ 安筱鹏. 重构：数字化转型的逻辑［M］. 北京：电子工业出版社，2019.

［21］ George Westerman, Didier Bonnet, Andrew McAfee. Leading Digital：Turning Technology into Business Transformation［M］. Brighton: Harvard Business Review Press，2014.

［22］ Richard Dobbs, James Manyika, Jonathan Woetzel. No Ordinary Disruption：The Four Global Forces Breaking All the Trends［M］. New York :Public Affairs，2015.

［23］ David Rogers. The Digital Transformation Playbook：Rethink Your Business for the Digital Age［M］. New York :Columbia University Press，2016.